南フランスの文化・地域社会と産業

―太陽と健康のテロワール―

亀井 克之

関西大学出版部

【本書は関西大学研究成果出版補助金規程による刊行】

はしがき

本書では、温暖な太陽の光の下で、健康と長寿の社会を築いている南フランスについて、いろいろな随筆をお届けします。本書は、１９９７年から１９９８年のエクス・アン・プロヴァンス滞在、２００５年から２００６年のモンペリエ滞在を中心に、南フランスでの生活体験、名所巡り、企業訪問・インタビューに基づいています。

ピーター・メイルの『南仏プロヴァンスの12か月』に「ノルマルマン」という表現が登場します。「通常はそうだけど、のんびりした南仏では時間がかかるから気長に待って下さい」という意味です。本書からこうしたおおらかさを感じとっていただければ幸いです。

本書のベースになったのは、扶洋グループの『ＮＥＸＴ』誌に10年間34回にわたって連載したエッセー「南仏閑話」です。ほかに大阪能率協会の『産業能率』誌に13回連載したエッセーや、他に発表した文章に加筆修正しました。また２０２４年の調査も盛り込んでいます。

本書に掲載した写真は、ＷＥＢ上で、カラーの大きな状態で見ていただけるように、ＱＲコードを付けました。また、当時撮影した動画を公開しています。そのＱＲコードも付けています。手作りですが、四半世紀前の南仏の雰囲気を味わっていただければ幸いです。
浅学非才の筆者ゆえ、誠に拙い内容で、間違いがあるかと思いますが、本書が読者の皆様に何らかの参考になれば幸いです。

２０２４年10月1日　亀井克之

■南フランスの写真集『南フランスの文化・地域社会と産業　―太陽と健康のテロワール―』（亀井克之著　関西大学出版部　2025年）：本書総合案内サイト（ブログ）
Les photos du sud de la France
https://dojikame.cocolog-nifty.com/montpellier/2024/11/post-79f092.html

目次

南フランスの地図

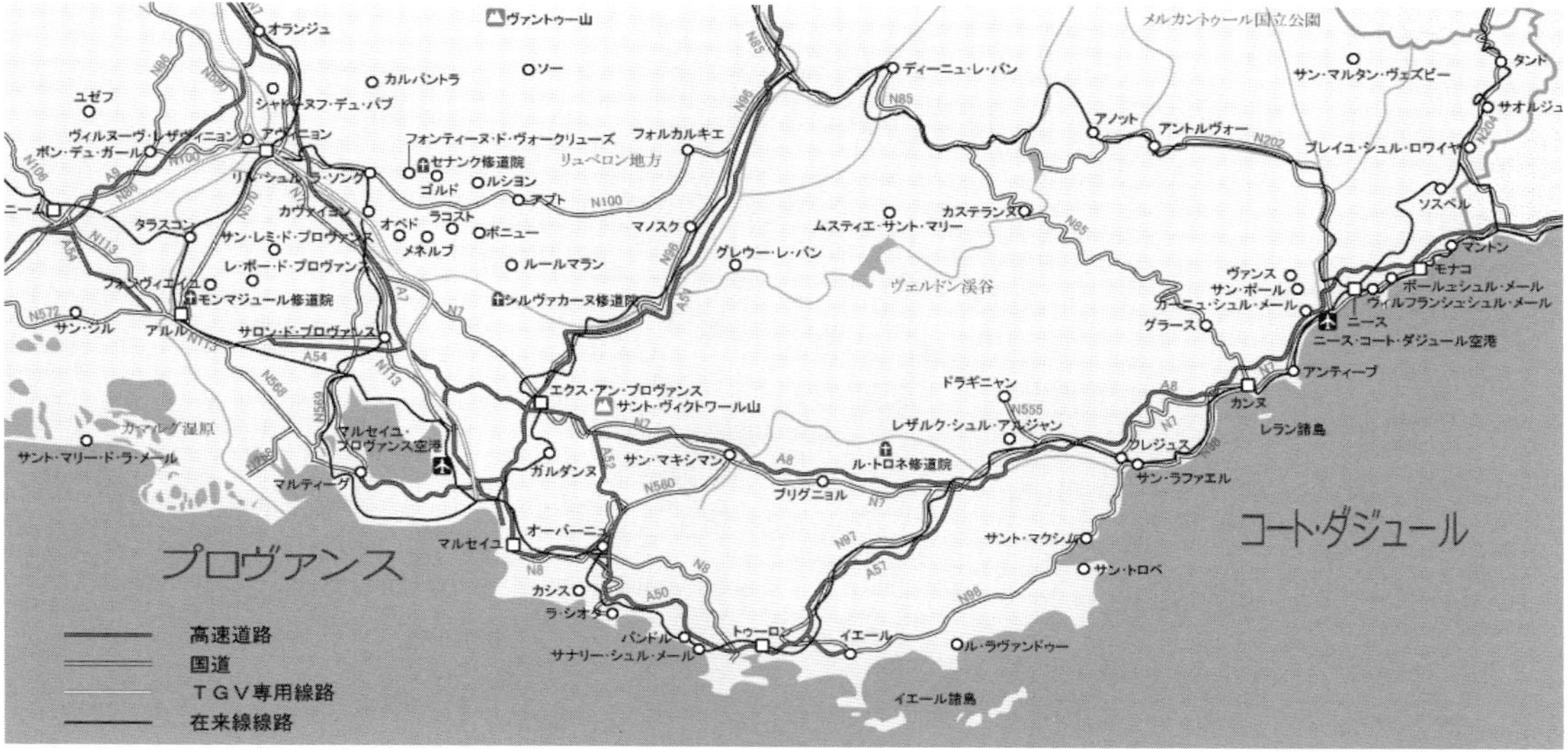

「南仏閑話」第30回，扶洋『NEXT』No.83/2018 春号より，地図提供：芝田真さん

リュベロンの略図

アーネスト・スリエ（Ernest Soulier）さん所有の絵に基づいて作成

第一部 地域社会と産業

1 南仏の古都エクス・アン・プロヴァンス
—セザンヌの街とサント・ヴィクトワール山—

南仏プロヴァンスの古都：エクス・アン・プロヴァンス

忘れもしない１９９７年8月28日。この日、パリから列車で南下して、初めて**エクス・アン・プロヴァンス（Aix-en-Provence）**の街に降り立ちました。

フランス政府給費留学生として留学先に選んだエクス・マルセイユ第三大学の経営学研究院ＩＡＥ

での勉学、そして家族との南仏滞在生活が始まりました。このおよそ1年間のエクス・アン・プロヴァンスでの生活が、私と南仏との関わり合いの原点となりました。

エクス・アン・プロヴァンスは紀元前に遡る歴史を持つ古い街です。紀元前120年ごろ、ローマの将軍セクスチウスがこの街を治め始めました。その際、泉が多いことから、「アクアエ・セクスチアエ（セクスチウスの水）」と呼んだことが街の名前の由来です。現在も100以上に上る噴水や泉があります。エクス・アン・プロヴァンスはまず「**水の都**」なのです。

ミラボー大通り（クール・ミラボー）と善王ルネ

エクス・アン・プロヴァンスの中心街には、街で一番大きな噴水がある**ラ・ロトンド**（La Rotonde）の交差点から**ミラボー大通り**（Cours Mirabeau）が伸びています。この大通りの名前はフランス革命初期に活躍した地元の貴族ミラボー伯爵にちなんでいます。ミラボー大通りはプラタナスの並木が美しく、かつては緑のトンネルのようになっていました。大通りの真ん中には苔がむした噴水があります。ミラボー大通りの突き当りにある広場に立つのは善人王ルネの像です。**ルネ王**（Roi René）は15世紀

「四頭のイルカ」の噴水

にプロヴァンス伯爵領の首都として最も栄華を誇った時代の統治者でした。ルネ王の像は、彼がイタリアから導入したマスカット・ブドウの房を手に持っています。中心街には、エクス・アン・プロヴァンスの名産品「**カリソン**」(calisson) という菱形のアーモンド菓子の店があります。

善人王ルネ像
イタリアから導入したブドウ　マスカットを左手に持つ

ミラボー大通りの苔がむした噴水

ミラボー大通りと苔がむした噴水

画家セザンヌが生まれ育ち、生涯を終えた街エクス・アン・プロヴァンス

画家の**ポール・セザンヌ**（Paul Cézanne）は1839年エクス・アン・プロヴァンスに生まれ、1906年にこの街で没しました。この街で生まれ育ったセザンヌは、少年時代にエミール・ゾラと親交を結びました。ゾラは後に大作家になりました。セザンヌの父親は厳格な銀行家で、セザンヌが画家を志すことを快く思いませんでした。パリに上って印象派の画家と交流した後、セザンヌはエクス・アン・プロヴァンスに戻って、制作に励むようになりました。明るい色彩と独自の画面構成は、絵画に新しい世界を切り開きました。代表的な作品には、「りんごの静物画」、「水浴する女性たち」、「カード遊びをする男性二人」、そして「**サント・ヴィクトワール山**」(Mont Sainte Victoire) があり

ラ・ロトンドの交差点にあるセザンヌの像　2012年

エクス・アン・プロヴァンスの銘菓カリソンの老舗
レオナール・パルリ　1874年創業　2024年

ます。生前はあまり評価されなかったセザンヌですが、死後、ピカソのキュービズムなどに大きな影響を及ぼすことになります。そんなセザンヌがこよなく愛したのが10キロ郊外にあるサント・ヴィクトワール山でした。セザンヌは晩年サント・ヴィクトワール山を描くことに没頭し、この山をモチーフにした絵を87枚描き上げました。

南仏プロヴァンスのシンボル：サント・ヴィクトワール山

エクス・アン・プロヴァンスの東10キロのところにあるサント・ヴィクトワール山は、石灰岩質で、標高およそ1000mです。サント・ヴィクトワールとは「聖なる勝利」という意味で、古代ローマの将軍マリウスが、この山のふもとで北方の蛮族を打ち破った伝説からとられています。サント・ヴィクトワール山は、時間、天候、見る場所によってまったく異なって見えるという魅力があります。夏の陽光を反射する山肌、朝焼けや夕焼けの色に染まる山肌など、さまざまな変化を見せます。実にさまざまな顔を持つ山です。セザンヌはふもとのル・トロネ村から描いたほか、彼のアトリエがあるエクス・アン・プロヴァンス中心街の北側の坂など、さまざまな場所から、この山を描きました。

私がエクス・アン・プロヴァンスに住み始めた頃、小学校に通い始めた長男の同級生のお父さんが私に言いました。「サント・ヴィクトワール山はエクス・アン・プロヴァンスの人たちの心の拠り所なんだ。そう思えるようになったら、君も立派なエクソワ（エクス・アン・プロヴァンスの住人）だよ」。

今は、はっきりそう思えます。サント・ヴィクトワール山は、エクス・アン・プロヴァンスのみならず、南仏プロヴァンスのシンボルです。その後、この街を訪れる度に、サント・ヴィクトワール山を見ると、何とも言えない安堵感に包まれます。南仏プロヴァンスを愛する人の心の拠り所なのです。

夕暮れ時　1997年９月

ふもとのラベンダー畑　1998年６月

石灰岩の山肌　2005年11月

エクス・アン・プロヴァンス市民を見守るサント・ヴィクトワール山　1997年

エクス・アン・プロヴァンスの中心部　ラ・ロトンドの交差点　1998年

2 南仏プロヴァンスのマルシェ
―新鮮な食品の流通で存在感―

マルシェとは

フランス全土のあちらこちらの街で、午前中を中心に、**マルシェ**（marché）と呼ばれる市が行われます。買い物はもちろんのこと、市民や観光客の憩いの場であり、生産者と直接交流できる場でもあります。「水曜日はあの村の広場でマルシェだ」「日曜日は市役所前の広場で行われるマルシェで食べ物を買ってランチを作ろう」といった感じで市民の生活に溶け込んでいます。観光客にとっては、マルシェで新鮮な食品を買ったり、掘り出し物を見つけたりすることが旅の楽しみになっています。

そんなマルシェの経営について解説した珍しい本が『フランスの流通』（田中道雄著、中央経済社、2007年）です。この本によれば、50店舗以下のマルシェが45％、50～100店舗のマルシェが38％、100店舗以上のマルシェが17％となっていて、小規模な形態が多いことがわかります。同書によれば、フランスの全世帯のうち、30％がマルシェに買い物に行きます。果物・新鮮野菜と魚介類ではシェアは20％近くになっています。

■クストレの日曜日のマルシェから　野菜・果物アート　2003年
Coustellet, art avec les légumes
https://dojikame.cocolog-nifty.com/montpellier/2025/01/post-b3d879.html

南仏プロヴァンス滞在の楽しみ

南仏プロヴァンス地方に滞在する楽しみの一つに、決められた曜日にさまざまな街で開催されるマルシェをめぐることがあります。南仏プロヴァンス地方でも特に風光明媚な**リュベロン**（Lubéron）地方自然公園に滞在する際は、午前中、曜日ごとにいろいろな村のマルシェを散策するのが楽しみでした。リュベロンの山を下るとたどり着くのがエクス・アン・プロヴァンスの街です。エクス・アン・プロヴァンスのような大きな街の場合は、毎朝どこかで何かのマルシェが開かれています。

エクス・アン・プロヴァンスのミラボー大通りのマルシェ　2024年

エクス・アン・プロヴァンスのマルシェ
（プロヴァンス・プリント）

エクス・アン・プロヴァンスのマルシェ

食料品：毎朝（リシェルム広場）、食料品：火・木・土（コンタル広場）。
花：火・木・土（市役所前広場）、水・金・日（コンタル広場）。
繊維製品、手工芸品、古物のマルシェ：火・木・土（ミラボー大通り、フォルバン広場、コンタル広場、ティエール通り、ベルダン広場）。
古本のマルシェ：第一日曜日（午前9時から午後6時、市役所前広場）。

リュベロン地方のマルシェ

アプト（Apt）で土曜日の午前中に開催されるマルシェは、中心街全体で開催されます。アプト焼と果物の砂糖漬け（フリュイ・コンフィ）で知られるアプトの街は、毎週土曜日朝はマルシェを散策する人で大賑わいとなります。

アプトのマルシェは、12世紀に現在のようなものになりました。その規模、雰囲気、美しさで、プロヴァンス地方、リュベロン地方で随一のマルシェと評されます。

■南仏プロヴァンスにおけるマルシェ開催曜日の一例

日	リル・シュル・ラ・ソルグ（骨董市）、クストレ
月	カヴァイヨン
火	ヴェゾン・ラ・ロメーヌ
水	サン・レミ・ド・プロヴァンス、アルル
木	リル・シュル・ラ・ソルグ（骨董市以外）
金	ルールマラン、ボニュー、カルパントラ
土	アプト

クストレ（Coustellet）はとても小さな村ですが、１９８０年代初頭にリュベロン地方の小村としては、最初のマルシェが開かれるようになりました。毎週日曜日の朝に開かれるクストレのマルシェには、農産物をはじめとする食料品の生産者が集います。手ごろな値段で新鮮な食材が購入できるこのマルシェには１００店舗が揃います。

運河のある村**リル・シュル・ラ・ソルグ**（L'Isle-sur-la-Sorgue）には、骨董品（アンティーク）の店が軒を並べています。毎週日曜日には、骨董品店の軒先や、通りに骨董品が並べられてマルシェが開

アプトのマルシェ　2024年

催されます。フランス人は骨董品めぐりが大好きで、各地で骨董品の売買が行われます。(注)
本書の裏表紙カバー写真の美しい**ボニュー**(Bonnieux)村では金曜日にマルシェが行われます。

(注)リル・シュル・ラ・ソルグ在住の町田陽子さんの『南フランスの休日 プロヴァンスへ 最新版』(イカロス出版 2022年、19頁)で、骨董品(アンティーク)のカテゴリーが説明されています。
1. アンティーク(Antiquité) 骨董価値のあるもの。
2. ブロカント(Brocante) 骨董価値はないが、時を経た小道具。
3. のみの市(Marché aux Puces) ガレージセール(Vide-Grenier)とも表記され、何でもありのガラクタ市。

クストレ 野菜・果物のアート 2003年

リル・シュル・ラ・ソルグ 骨董品 2012年

リル・シュル・ラ・ソルグ 骨董品 2012年

ボニューのマルシェ　2024年

ボニューのマルシェ
遠方にサド公爵の住居があったラコスト村が見える
2024年

動画 Video

■エクス・アン・プロヴァンス
マルシェ　2000年代初頭
Marché,
Aix-en-Provence 1分5秒
https://youtu.be/
VmsEqrdc68k

3 南仏の彩り・香り・手触りに癒されて

―ルールマラン村のマルシェから―

心身を癒してくれる南仏の名物

2018年の夏に、「フランスの最も美しい村」の一つに認定されている**ルールマラン**（Lourmarin）に滞在しました。この村はリュベロン山脈地方の玄関口にあります。ルールマラン村の手前にある**カドネ**（Cadenet）には、女性3代で継承されている**オーベルジュ・ラ・フニエール**（Auberge La Fenière）という南仏プロヴァンスを代表するホテル・レストラン（ミシュラン一つ星）があります。先代シェフの**レーヌ・サミュット**（Reine Sammut）さんは、女性シェフとして初めてミシュランで星を獲得しました。現在は、娘の**ナディア・サミュット**（Nadia Sammut）さんがシェフを務めています。自分自身がアレルギーに苦しんだ体験から、すべてのメニューでグルテン・フリーを実現しています。

ルールマラン村では、金曜日の午前中にマルシェが行われます。村のいたる所で行われるマルシェでは、私たちを癒してくれる南仏の名産物が並べられます。

■ルールマラン村のマルシェ　Marché, Lourmarin
https://dojikame.cocolog-nifty.com/montpellier/2025/01/post-d6f32d.html

ニンニク：南仏料理と言えばニンニクとオリーブ・オイル

オリーブの量り売り

ラベンダー：ソーの村に代表される南仏ラベンダー街道から

村の目抜き通りでのマルシェ

ラベンダーのサッシェ（小袋）

村の広場でのマルシェ

プロヴァンス焼

有機栽培（Agriculture Biologique）の野菜

マルセイユ石けん：オリーブオイルなど植物オイルを使用して作られる石けん　伝統的に無香料・無着色

メロン：カヴァイヨンの名産物

ヌガ：マルセイユ名物のお菓子

色とりどりのベリー類

動画 Video

■マルシェ　ルールマラン　2000年代
Marché, Lourmarin　1分24秒
https://youtu.be/iEPpHSHFSew

4 「フランスの最も美しい村」とは
―南仏が誇る美しい村々―

「フランスの最も美しい村」とは

フランスには、**「フランスの最も美しい村」**（Les plus beaux villages de la France）協会というものがあります。これは、質の高い歴史的遺産と自然環境を保護する目的で１９８２年に設立されました。２０２５年1月現在、フランス全土で、およそ１８０の村がこの協会から認定を受けています。このようなフランスの動きは、隣国でも行われるようになりました。２００３年には「世界で最も美しい村々」連盟が設立されました。日本では、２００６年に「日本で最も美しい村」連合が発足し、２０１０年には「世界で最も美しい村」連盟に加盟しました。歴史的遺産や自然を大切にする魅力あふれる村を認定する「最も美しい村」運動は世界的な広がりを見せています。

「フランスの最も美しい村」の認定基準

「フランスの最も美しい村」として認定されるためには、次のような厳しい基準をみたす必要があります。認定されても、条件がみたされなくなれば、登録が取り消されることになっています。

●3つの絶対的基準

―人口が2000人以下であること。

―最低2箇所以上の遺産・遺跡（歴史的建造物など）を保有し、土地利用計画でその保護のための政策が行われていること。

―村議会において「フランスの最も美しい村」の認定を受けることが承認されていること。

南仏にある「フランスの最も美しい村」協会認定の村々

南仏プロヴァンス地方に点在する「フランスの最も美しい村」協会認定の美しい村をご紹介しましょう。リュベロン地方自然公園の3村です。

ゴルド「フランスの最も美しい村」協会の生みの親の村

ゴルド（Gordes）村の村長は「フランスの最も美しい村」協会のモーリス・シャベール氏でした。シャベール氏は協会の先頭に立って、小さな村々の文化的・歴史的遺産を保護することに情熱を注ぎました。ゴルド村自体は、リュベロン山脈地方の村の中では、かなり観光化されている方です。この村に別荘を持つ有名人も多いと言われています。

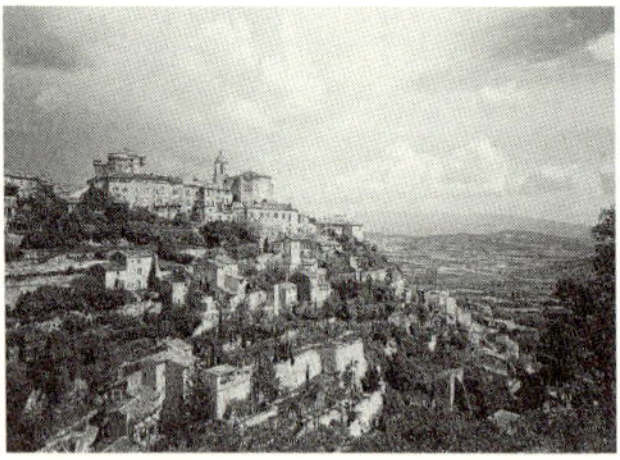
ゴルド　1997年

ルシヨン　黄土にそびえる村

ルシヨン（Rousillon）は黄色の顔料の原料となるオークル（黄土）の丘の上に築かれた村です。建物もオークルを使用して造られているので、村全体が黄色、褐色をしています。化学染料に取って代わられた現在では、オークルの採取はほとんど行われていません。採取場跡は遊歩道「オークルの道」となっています。

ルシヨン　1998年

ルシヨン　2005年

ルールマラン　カミュが眠る村

山あいの村**ルールマラン**（Lourmarin）には16世紀に建てられたルネッサンス様式の城があります。この村の墓地には、ノーベル文学賞を受賞したアルベール・カミュの墓があります。カミュは『異邦人』や『ペスト』などの作品で知られます。

メネルブ　世界的ベストセラーが生まれた村

英国人ピーター・メイルが書いたベストセラー『南仏プロヴァンスの12か月』は、彼が**メネルブ**（Ménerbes）に住んでいた時に出会った南仏ならではの日常を綴ったエッセーです。この村では毎年12月に、南仏の珍味トリュフの市が行われます。

「フランスの最も美しい村」に認定された村の入り口には、「フランスの最も美しい村（Les Plus Beaux Villages de France）」の標識が立ちます。これを見て、旅人の期待感は高まります。期待を裏切らない美村中の美村に癒されます。

＊「フランスの最も美しい村」協会のウェブサイト
https://www.les-plus-beaux-villages-de-france.org

ルールマラン　1998年

メネルブ　2018年

「フランスの最も美しい村」協会認定の村であることを示す標識

5 小さな村から大きな環境保護
―リュベロン山脈地方　ビュウックス村―

小さきものが大きな役割を果たし、
目立たないものが美しい表舞台を支えている。

素朴さに出会える村　―ビュウックス―

南仏プロヴァンス地方の中に、とりわけ美しい景観で人々を魅了するリュベロン山脈地方がある。同地に在住した英国人ピーター・メイルの随筆『南仏プロヴァンスの12か月』により、リュベロンは一躍世界中の脚光をあびるようになった。ここに人口１１０人の**ビュウックス**村（Buoux）がある。観光客が通り過ぎてしまうこの村は、観光地化・別荘地化することなく素朴で広大な自然そのものの美しさを保持している稀有な存在だ。岩肌が剥き出しになった山が連なっており、ロック・クライミングの聖地の一つとなっている。

「村と呼ぶことさえためらわれる寂しい山里である。丘に抱かれて二十軒足らずの民家がひっそりと

■Buoux村 民宿La Grande Bastide経営者，Jean-Alain et Véronique 2000年代初め https://dojikame.cocolog-nifty.com/montpellier/2025/01/post-c545c0.html

した佇まいを見せている。古色蒼然たる村役場がある一方で、今ふうの公衆電話ボックスも設けられている」（ピーター・メイル『南仏プロヴァンスの12か月』河出書房新社、１９９６年、１３２頁）

ビュウックスでオーベルジュ・ド・ラ・ループというレストランを経営するモーリスは、自分が母親から食べさせてもらったような伝統的な郷土料理をお客さんに出すことに生きがいを感じている。10ほどの小皿に細やかな郷土料理が盛られた「プロヴァンス風オードブル」は、何度訪れても飽きることがない。（＊31頁参照）

ラベンダー栽培と民宿経営　―リュベロンの大地での転身―

7月になるとプロヴァンス地方の**ラベンダー**（Lavande）が満開となる。紫の絨毯を敷いたような美しい光景が随所に見られる。8月に入ると、ラベンダーの収穫時期となる。のこぎりくわがた虫の頭のような装置がついたトラクターで刈り込みされたラベンダーがトラクターに積み込まれる。地域の蒸留所に運び込まれて、香水や石鹸の元となるラベンダー・エッセンスが抽出される。

民宿ラ・グランド・バスティード
（写真手前はラベンダー畑）2002年

プロヴァンス風オードブル　1998年

ビュウックス村に、**ラ・グランド・バスティード**（La Grande Bastide）という民宿がある。経営者ジャン・アラン・ケラ（Jean-Alain Cayla）氏は語った。観光業について「農業が支える自然環境の保護と、観光客の確保との両立が課題だ」。ラベンダー栽培（ビュウックス村の場合、正確にはラヴァンダンLavandinという品種）については、「7月に咲くラベンダーは美しく、本当にいい香りがするので、接していて楽しい。一方、雑草との戦いは本当に大変だ」。

ジャン・アランは、２００１年の地方議会選挙に立候補し、現職を破って村長に就任した。彼は、25年前にビュウックスに移り住む以前は、パリで物理学研究の助手、さらにはフリーの経営コンサルタントをしていたという異色の経歴の持ち主だ。前任者の着手していた事業を継承しつつも、村の行政に次々と新機軸を打ち出している。

的確な資金申請と村の整備

ＥＵレベル、国レベルで地方に対してさまざまな補助金が存在するが、その申請手続きは煩雑で大人数のスタッフを有する地方公共団体以外では、補助金獲得に二の足を踏んでいるのが実情のようだ。ジャン・アランの場合は、マーケティングを専門とする経営コンサルタントとしての経験を十二分に発揮し、戦略的にてきぱきと補助金の申請を行い、その獲得に成功している。村の道路は見違えるほど整備されたほか、大雨に備えての排水道も確保された。ジャン・アランの手腕は、小さな村でも積極的に補助金を得て村民に還元することが可能であることを示したモデルケースとして、地方紙『ラ・プロヴァンス』で紹介された。

民宿の切り盛りの傍ら、古典的な家具や額縁の金の部分の補修をする金塗装師として活躍するヴェロニク夫人の言葉が印象的だった。「村は変わった。大きなリスクをとって、彼が村長になってよかった」。

小さな村から大きな環境保護

元々、ラベンダー栽培を中心とする農業と民宿業を営んでいたジャン・アランが村長職に立候補を決意するに至ったきっかけの一つに、自らがこよなく愛するリュベロンの美しい自然を守らなければならないという強い使命感があった。ジャン・アランの持論は明快だ。

「観光振興によりリュベロンの村々の財政は潤い得る。しかし観光客のための施設をいくら充実させても、リュベロンの自然保護そのものには繋がらない。観光客が魅力を感じて訪れてくれる美しい自然環境を保護するためには、それを手入れする人が必要だ。それは農業に従事する人たちにほかならない。風光明媚な景観の維持は、実は農業の充実によって保証されているのだ。農業をないがしろにして目先の観光振興に走ってはならない。人口110人の小さな村が、自然環境保護には大きな役割を担っているのだ」。

ジャン・アランは言う。「こんな小さな村でも、民主主義は守らなければならない。フランス国家の法律は守らなければならない。村長として２つの役割がある。まず第一に、この人口１１０人余りのコミューンの舵取りをすること、第二に、国の代理人として、この小さなコミューン内においても国家の決まりごとを住民たちに守ってもらうことだ。つまり、この小さなコミューンにおいても、共和国の精神を遵守してもらうのが私の役割だ。重視しているのが、若い世代への投資だ。したがって子どもたちや若者たちのためのアソシアシオン（子供会・青年会）を結成している」。

「日常的に直面している問題点は、１，８００ヘクタールの面積に住民が１１０人しかいないということで、常に、住宅地建設と、観光施設建設の圧力を受けているということだ。農業に理解のなかった前村長は、その圧力に屈しかけたことがある。しかし、忘れてはならないことがある。人口10万人のエクス・アン・プロヴァンス市の面積は約５，０００ヘクタールだ。ビュウックスはこのわずかな人口で、エクス・アン・プロヴァンスの面積の３分の１に相当する面積を保有している。その土地は農業従事者によって手入れされ、素朴で実に美しい自然環境が保護されている。かくも小さな村の村長であるが、農業を軽視して、住宅地建設や観光施設建設による環境破壊の圧力に屈すれば、一気に大きな環境破壊のリスクを招いてしまうことになるのだ。繰り返しになるが言っておこう。小さな村が、自然環境の保護には大きな役割を果たしているのだ」。

（亀井克之『経営者とリスクテーキング』関西大学出版部　２００５年　第14章「南仏プロバンス・街角の経営者」より）

6 山火事を危機一髪まぬかれた小さな村で
―リュベロン山脈地方　ビュウックス村―

山火事に遭った小村

2012年8月に南仏に1週間滞在しました。出発直前に、前章でもとりあげたビュウックス村の村長夫人ヴェロニクからメールが来て驚きました。

「8月2日に、村の山側で火事がありました。幸いなことに村役場や住宅には被害はありませんでした」。

メールに添付して下さった写真は、消火活動中の消防飛行機（フランス語で「カナデール」）が消火剤をまいている臨場感満点の写真でした。とても心配になりました。

危機一髪

その日、山と住宅を隔てる道路で電気関係の工事が行われていました。作業中に飛び散った火花が原因で、山肌の草木が一気に燃え上がったのです。南仏の夏は暑い。雨もあまり降らず、山地は乾燥しきっています。火災リスクがきわめて高く、夏には、山火事が頻発します。

アプトの街の消防署から消防車が2時間かかって現場に到着して消火活動にあたりました。消防飛行機も消火剤を投下しました。4ヘクタールを燃やして、火は消し止められました。間一髪、村役場や住宅は被害を免れました。

火は住宅地の手前で消し止められた
写真提供：ヴェロニク・ケラさん

火事にも負けない南仏の人たちの人情

8月のある日、3年ぶりに訪れたビュウックス村。火事の跡が生々しい。でも村長夫妻をはじめ、みんな元気で安心しました。村長夫人のヴェロニクは「6キロしか離れていないのにアプトの街から消防隊が到着するのに2時間もかかったのよ。カナデール（消防飛行機）の写真は息子が撮影したの。

写真のデータを新聞社に送ったら、新聞記事には記者が撮影したことになっていたわ」。

村長のジャン・アランは、「結局、村には何にも影響なかったよ。賠償は火を出した業者が負うんだろうし。3日後だけど8月5日の日曜日には、毎年恒例の村のガレージセールも開催したよ」。

村長宅から少し上ったところにパリの装飾職人アーネストの別荘があります。別荘と山の間が道路です。火はその道路で消し止められました。「消火剤の影響だろうね。秋みたいに庭の葉が落ちてしまったよ」。アーネストのお嬢さんの一家もバカンスで滞在していて賑やかなひとときでした。

アーネスト（左）の別荘の地下室を使ってビュウックス村でバカンスを過ごす子どもたちによる劇　2000年8月

装飾職人のアーネストが子どもたちの劇のために作った舞台装飾　2000年8月

ビュウックス村の村長を務めたジャン・アラン・ケラ氏
（2023年5月27日逝去）（写真提供ヴェロニク・ケラ氏）

7 ビュウックス村・郷土を愛したシェフの思い出
―「南仏プロヴァンスの12か月」とオードブル料理―

ビュウックス村から届いた便り

2021年の初めに、ヴェロニクから電子メールが届きました。

「去年の暮れに私たちの友人であるモーリスが病に倒れ、エクス・アン・プロヴァンスの病院に2週間入院後、ビュウックスに戻って5日後に亡くなりました。1月12日金曜日に村の墓地に埋葬しました。村人たちは悲しみに沈んでいます。本当にみんな彼のことが好きでした」。

村のレストラン「**オーベルジュ・ド・ラ・ルーブ**」(Auberge de la Loube) のオーナー・シェフだったモーリスのことです。かつて村に滞在する度に、プロヴァンスの郷土料理をいただきました。3年前に引退して以来、馬車を趣味に、悠々自適に生活していると聞いていました。

シェフの郷土愛

モーリスについてピーター・メイルは『南仏プロヴァンスの12か月』で次のように記しました。

「レストラン「オーベルジュ・ド・ラ・ルーブ」は自然のままの美しい谷を見降ろす丘の中腹にある。モーリスは独力で叩きあげた料理人だが、自分の店を「ボキューズ」にする気はない。そこそこ店が流行って、馬とともにこの谷で暮らしていければそれで充分である。彼の店が成功しているのは料理に気取りがなくて味がよく、金を出した客が心から満足するからである。思いつきでいたずらに奇をてらった料理は彼の好むところではない」（同書132-133頁）。

モーリスは、2000年代初頭、筆者のインタビューに次のように答えてくれました。「自分が母親から食べさせてもらったような、伝統的なプロヴァンス料理を人に出す」「ヌーベル・キュイジーヌとか言って、いろいろと奇をてらった料理などを出す人もいるけれども、私自身はこのような郷土の料理を出すことに誇りを感じているし、それが私のやりがいなのだ」「若いときからたたき上げで、ずっと料理に携わっている。このビュウックスという村の大自然が好きだ。この田舎が好きなのだ」「いろいろなお客さんにプロヴァンスの郷土料理を発見してもらうことに喜びを感じている」。

モーリスは、エクス・アン・プロヴァンス郊外のランベスクに住んで修業しました。1971年にビュウックスに来て、1974年に家を買い、そして1979年に改築してレストランにしました。

モーリスの料理で誰もが好きだったのが、10種類ほどの小皿に郷土料理が盛られた「**プロヴァンス風オードブル**」です。何度食べても飽きることがない逸品でした。

プロヴァンス風オードブル

もう永遠に味わうことができなくなったモーリスのプロヴァンス風オードブル。ピーター・メイルの文章で再現してみましょう。

「日曜日だけ店を手伝っているという若い娘が籠細工の浅いトレイを運んできてテーブルの真ん中に置いた。数えてみると十四種類のオードブルが盛りつけられていた。高級品とされているチョウセンアザミの蕾。衣をつけて揚げた小さなイワシ。香料をきかせたタブレ。クリームをかけたタラ。キノコのマリネ。小ぶりのヤリイカ。タプナード。新鮮なトマト・ソースで和えたタマネギ。セロリにヒヨコマメ。ハツカダイコン。冷やしたムール貝。さらにその同じトレイに厚切りのパテとピクルス、オリーブとコールド・ペパーの小皿が添えられていた」（133頁）。

プロヴァンス風オードブル
2007年

モーリス
写真提供：久保田美佐子さん

ビュウックス村では、毎年8月第一日曜日に恒例のガレージセールが開催されます。ガレージセールはフランス語では納屋に余った物を放出する

という意味の「ヴィッド・グルニエ」(vide-grenier) と呼ばれます。(12頁の注を参照)
筆者は2004年に滞在した時、村のガレージセールにエントリーしました。不用品を売ると共に、フランスには存在しない日本のかき氷器を用意して、家族といっしょに、かき氷を売りました。物珍しさと清涼さが好評で、100ユーロの売り上げでした。その夜は、その収益を元に、モーリスのレストランで「プロヴァンス風オードブル」に舌鼓を打つことができました。
日本人の旅行者からも愛されたモーリス、天国で心おきなく馬車を楽しんで下さい。

ビュウックス村のガレージセール
(ヴィッド・グルニエ) 2003年

動画 Video
■ガレージセール　ビュウックス村　2007年
Vide-Grenier, Buoux　1分17秒
https://youtu.be/83hfB24ugnE

8 ラベンダーの香りに癒されて
―エッセンシャル・オイルができるまで―

南仏プロヴァンスの初夏を紫色に彩るラベンダー

毎年6月21日にフランス全土で開催されるフェット・ド・ラ・ミュジック（音楽祭）が夏の訪れを告げます。この頃から南仏プロヴァンス地方の高地ではラベンダーが咲き始めます。紫色に染まるラベンダーの名所を結ぶルートは「ラベンダー街道」と呼ばれます。とりわけ、標高766mの**ソー**（Sault）村はラベンダー畑の素晴らしい眺めで知られます。南仏プロヴァンスはハーブ（香草）の大地として知られますが、ラベンダーはハーブの一つでもあります。そして世界におけるラベンダー栽培の大部分を占めるのが南仏プロヴァンスです。

「ラベンダー街道」を代表するソーの村　1998年

富良野のラベンダーは南仏プロヴァンスから

富田忠雄『わたしのラベンダー物語』（新潮文庫、２００２年）によりますと、現在、北海道で栽培されているラベンダーは、１９３７年に南フランスから輸入された5キロの種子が起源だそうです。１９４２年には日本で初めて蒸留によるラベンダーオイルの抽出に成功しました。

ラベンダーとラバンダン

南仏のラベンダーには2種類あります。ラヴァンド（Lavende）が本来のラベンダー。ラヴァンダン（Lavendin）はラヴァンドと他品種の交配から生まれた品種。本書では「ラベンダー」と「ラバンダン」と呼びます。まず、ラベンダーが高地で栽培されるのに対して、ラバンダンは低地でも栽培可能で収穫量が多いという違いがあります。ラベ

ビュウックス村　1998年

ビュウックス村の民宿ラ・グランド・バスティードとラバンダン畑　2002年

ンダーとラバンダンの生産量の比率は3対7くらいです。ラベンダーのエッセンスは高品質で化粧品や香水の原材料として出荷されるのに対して、ラバンダンのエッセンスは石鹸や家庭用香料に用いられます。

ビュウックス村のラバンダンが蒸留所でエッセンシャル・オイルになるまで

リュベロン山岳地帯にある小さな村ビュウックスの村長を務めるジャン・アラン・ケラさんと金箔装飾士ヴェロニク夫妻は民宿ラ・グランド・バスティード経営の傍ら、ラバンダンを栽培しています。ラ・グランド・バスティードのラバンダンが蒸留所でエッセンシャル・オイルになるまでを写真で見

ラバンダンの刈り取りに使う装置

刈り取って束にしたラバンダンをトラクターへ積み込む作業

ビュウックスからアプトへ向かう途中にある蒸留所　アニエル（AGNEL）にラバンダンが運ばれる

てみましょう。

　密封された蒸留タンクの底についているパイプから入ってくる蒸気で蒸されて、花や茎についているエッセンシャル・オイルが分離し始めます。それが水蒸気に誘われて、気体となって浮上し、冷たい水を取り巻くパイプを通過することで冷却されて液体になります。それを分離器に受けて、オイル成分と水分を分離させます。（富田忠雄『わたしのラベンダー物語』１７７頁より）

蒸留タンクにぎっしりと詰め込む

オイルと水を分離

エッセンシャル・オイル

クストレのラベンダー博物館

蒸留タンクが奥に見える

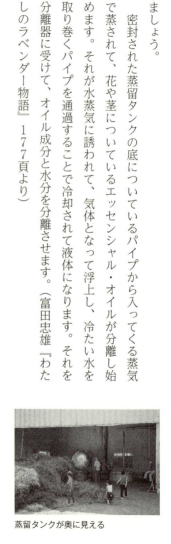

心を洗う癒しの香り

ラベンダーはフランス語では lavende と綴ります。その語源はラヴェー（laver）「洗う」という動詞から来ています。ラベンダーはまず私たちの目に映る鮮やかな紫色で視覚を癒してくれます。エッセンシャル・オイルには消毒効果があり私たちの皮膚を癒します。そして、乾燥させた花束として、また小袋に入れられて、あるいは化粧品や石鹸などの製品となって私たちの心を洗うような癒しの香りをもたらしてくれます。

動画 Video

■ラベンダー畑　ビュウックス村
2002年　Lavindin, Buoux 2002
37秒
https://youtu.be/BtNUpFpo5wc

■ビユウックス村～ラベンダー蒸留所
Lavandin Buoux - Distillerie 1998
1分38秒
https://youtu.be/R9jxh5bLj1Y

9 サントン人形

―南仏プロヴァンス冬の風物詩―

太陽の光がぎらぎらと照りつける夏。バカンス族が地中海の浜辺で肌を焦がし、木陰のテラスに腰掛けてパスティスと呼ばれる食前酒や冷えたロゼ・ワインで喉を潤す。各地で繰り広げられている音楽のフェスティバルに身を委ねて、山間のラベンダーの芳香に鼻腔を震わせる。

南仏のプロヴァンス地方の醍醐味を満喫できるこんな夏が過ぎると、バカンス・シーズンが終わって落ち着きを取り戻した街角に収穫された農産物が彩りを添える秋が訪れます。やがて、大通りのプラタナスの葉は落ち、ミストラルと呼ばれる強風がときおり吹き荒れて寒気をもたらすようになると、南仏プロヴァンス地方も師走となります。

画家のセザンヌが郊外のサント・ヴィクトワール山と共にこよなく愛した街で、かつてプロヴァンス地方の都であったエクス・アン・プロヴァンスでは、師走になると、中心街にクリスマスの飾りつけが施され、

サントン市　エクス・アン・プロヴァンス
1997年12月

■サントン・フックの写真　2002年
Santon Fouque
https://dojikame.cocolog-nifty.com/montpellier/2025/01/post-0c0ee0.html

ミラボー通りにはイリュミネーションが灯ります。そして、大きな噴水のあるロトンドの交差点の傍には、プロヴァンス地方独特の粘土人形、**サントン**（Santon）を陳列した屋台が立ち並びます。クリスマスの季節には、欧州各地と同様、フランス各地で、クリスマス・マーケットの屋台が立ちます。さらに、プロヴァンスでは、サントン市が立つわけです。

このサントン人形は、実はフランス革命の時に誕生した一大アイディア商品なのです。プロヴァンス地方の教会では、17世紀頃より、クリスマスの季節に**クレーシュ**（crèche）と呼ばれるキリスト誕生の情景模型が飾られるようになりました。フランス革命が勃発すると、マルセイユでも教会が閉鎖されました。教会向けにキリスト誕生の情景に登場する人物の像を造形していた彫像師ジャン＝ルイ・ラニェルは職を失ってしまいました。一方、市民もクリスマスの季節の心の拠り所であったクレーシュを教会で見ることができなくなってしまいました。

そこで、ラニェルは、家庭用の小型クレーシュを考案し、安価な粘土人形を作って、家庭向けに販売を開始しました。これはプロヴァンス地方の民衆の心をとらえ、大成功を収めました。

サントン人形は粘土で形を作り、窯で焼いた後、色鮮やかなテンペラ絵具で着色して出来上がります。サントンはプロヴァンス語で「小さな聖者」を意味します。サントンは、当初、ベツレヘムの馬小屋でキリストが誕生する場面に登場する人物たちの人形のみでした。ナポレオンの時代が終わり、王政復古期になると、サントン人形は全盛期を迎えました。徐々に、農夫や羊飼い、洗濯する女性など、プロヴァンス地方で生活するさまざまな人たちの人形も作られるようになりました。キリスト誕生の場面に、19世紀前半の服装をしたプロヴァンス地方の人々が登場するというスタイルはこうして確立されたのです。

サントン人形の発祥地マルセイユでは、毎年11月最終日曜日から1月6日の御公現（の祝日まで）の期間、旧港から伸びる目抜き通りカヌビエールにサントン市が立ちます。映画「マルセルの夏」で少年時代が描かれた作家**マルセル・パニョル**（Marcel Pagnol）の生家がある隣街のオーバーニュはサントン作りのメッカになりました。

サントンにイノベーションをもたらしたのが、エクス・アン・プロヴァンスの工房**サントン・フック**（Santon Fouque）です。1952年に二代目ポール・フック（Paul Fouque）が作った「**ミストラルの一撃**」という作品は、ミストラルと呼ばれる突風を受けて、飛ばされそうになった帽子に手をやり、マントが片足にからみついて、身をかがめている老羊飼いの人形です。これは、静的だったサントン人形の世界に動きを導入した画期的な作品として絶賛されました。

行く年、来る年。この師走も、南仏プロヴァンス地方の家庭では、サントン人形による思い思いのクレーシュ（キリスト誕生の情景模型）が飾

ミストラルの一撃（Coup de Mistral）（右）
1998年

られていることでしょう。（「南仏プロヴァンス師走の風物詩」『関西大学通信』第２６７号、１９９８年11月24日より）

「型を創造する→型に粘土をはめこむ→型から取り出して形を整える→窯で焼く→色を付ける」の工程を経て完成するサントン人形　2018年

サントン・フック　四代目　エマニュエル・フック氏　2018年

『関西大学通信』第267号を持つ三代目　ミレーユ・フック氏（左）　二代目　ポール・フック氏（右）1998年12月

動画 Video

■サントン人形市　エクス・アン・プロヴァンス　1998年12月　Foire aux Santons, Aix-en-Provence　7分45秒
https://youtu.be/o8piX9FR86M

ライトアップされたミラボー通り
（左下はサントン工房「サントン・フック」と「ミストラルの一撃」の人形）

南仏プロバンス 師走の風物詩

亀井 克之

地中海の浜辺で肌を焦がし、木陰のテラスに腰掛けパスティスやロゼで喉を潤す。各地で繰り広げられるフェスティバルに身を委ね、山間のラベンダーの芳香に鼻腔を震わせる。南仏プロバンス地方の醍醐味を満喫できるこんな夏が過ぎると、バカンス・シーズンが終わって落ち着きを取り戻した街角に収穫された農産物が彩りを添える秋が訪れる。やがて、大通りのプラタナスの葉は落ち、ミストラルと呼ばれる強風がときおり吹き荒れて寒気をもたらすようになると、南仏プロバンス地方も師走である。

画家セザンヌが郊外のサント・ビクトワール山とともにこよなく愛した街で、かつてプロバンス地方の都であったエクス・アン・プロバンスでは、中心街にクリスマスの飾り付けが施され、ミラボー通りにイリュミネーションが灯る頃、大噴水ロトンドの交差点の近くに、この地方独特の粘土人形、サントンを陳列した露店が立ち並ぶ。

このサントン人形、実はフランス革命時に誕生した一大アイディア商品である。プロバンス地方の教会では、十七世紀頃より、クリスマスの季節にクレーシュ（キリスト降誕の情景模型）が飾られるようになった。フランス革命勃発と共に、マルセイユでも教会が閉鎖され、教会向け彫像師ジャン＝ルイ・ラニェルは職を失った。市民もクリスマスの心の拠り所であった教会のクレーシュを見ることができなくなった。そこで、ラニェルは、家庭用の小型クレーシュを考案し、安価な粘土人形を作って、家庭向けに販売し始めた。これがプロバンス地方の民衆の心をとらえ大成功を収めたのである。

サントン人形は、粘土で形を作り、窯で焼いた後、色鮮やかなテンペラ絵の具で着色して出来上がる。プロバンス語で「小さな聖者」を意味するサントンは、当初、ベツヘルムの馬小屋でキリストが誕生する場面に登場する人物たちの人形のみであった。ナポレオンの時代が終わり、王政復古期になると、サントン人形芸術は全盛期を迎え、農夫や羊飼い、洗濯女など、プロバンス地方で生活するさまざまな人達の人形も作られるようになった。キリスト誕生の場面に、十九世紀前半の服装をしたプロバンス地方の人々が登場するという伝統的な情景模型のスタイルはこうして確立された。

サントン人形発祥の地マルセイユでは、毎年十一月最終日曜日から一月六日の御公現の祝日までの期間、旧港から伸びる目抜き通りカヌビエールにサントン市が立つ。隣街で、作家マルセル・パニョルの出身地オーバーニュはサントン作りのメッカとなった。一方、サントン芸術にイノベーションをもたらしたのが、エクス・アン・プロバンスの工房サントン・フックである。一九五二年に二代目ポール・フックが作った「ミストラルの一撃」は、ミストラルの突風を受けて、飛ばされそうになった帽子に手をやり、マントが片足にからみついて身をかがめている羊飼いの人形である。これは、静的だったサントン人形の世界に動きを導入した画期的な作品として絶賛された。

今年もクリスマスの季節、南仏プロバンスの家庭では、サントン人形による思い思いの情景模型が飾られていることだろう。

（総合情報学部助教授）

「関西大学通信」第267号（1998年11月24日）第１面

10 南仏の黒いダイヤモンド
―1998年12月　第1回メネルブ村のトリュフ市から―

投機的リスクの塊・トリュフ

リスクマネジメント研究では、事故や災害のようにマイナスのみを生じるリスクを「純粋リスク」と言います。一方、投資のように、マイナスとプラスの両方の可能性がある場面でのリスクを「投機的リスク」と言います。

トリュフ（truffe）は、樫の木の根っこにできます。しかし、樫の木を植えて10年以上育てても、トリュフが採れるか採れないかは不確実です。まさしく投機的リスク（プラスになるか、マイナスになるかわからない）そのものです。トリュフが育つか不確実な樫の木を植えるのをやめて、収穫が確実なワイン用のブドウを栽培する農家も増えているようです。

トリュフは、収穫そのものが投機的ですので、価格の相場もその年の収穫具合によって大きく変動します。

第1回メネルブ村のトリュフ市

エクス・アン・プロヴァンスに住んでいた1998年12月29日の日曜日に、初めての試みとして、メネルブ村で開催されたトリュフ市を見物しました。村の時計台広場には、トリュフ生産者のスタンドが10軒ほど出店していました。トリュフはあの匂いに特徴があります。したがって鼻の利く犬や豚が収穫に活躍します。各スタンドには犬の写真が飾ってあったり、黒豚が連れてこられていたりしました。ついついひとかけらほど購入してしまいましたが、結構いい値段がしました。帰りの車の中はよく言われる通り、とてもいいにおいがたちこめました。

生産者から渡された「トリュフ入りオムレツの作り方」

1. 土のついたままのトリュフをティッシュペーパーに包んで冷蔵庫に1週間ほど寝かす。
2. 歯ブラシを使ってトリュフの表面についた土を洗い落とす。
3. オムレツに使う予定の卵と一緒にプラスティックのケースに入れて丸一日冷蔵庫に保管する。こうして殻を通してトリュフのにおいを卵にしみこませる。

4. 切り刻んで、溶いた卵に入れ、オムレツを作る。風味を保つために熱しすぎないように注意する。

トリュフ入りオムレツ作り

指示書きに従い、7日間、ティッシュにくるんで容器に入れて冷蔵庫でねかしましたので、そろそろ洗います。次に、オムレツに使う卵と同じ容器に入れて丸一日おいて、殻ごしに匂いをしみこませてから、調理せよとあります。

歯ブラシを使ってトリュフについた土を洗い落としました。思いのほかトリュフの表面は丈夫で歯ブラシを使っても崩れません。買って帰った赤ん坊のこぶしほどのトリュフを使って3回オムレツを作りました。やはりトリュフの香りがもっとも新鮮だった最初のオムレツが一番おいしくできました。

動画 Video

■第1回トリュフ市　メネルブ村　1998年12月 Marché aux Truffes, Ménerbes　1分28秒 https://youtu.be/sC2n1yRoj9s

■トリュフ市　メネルブ村　2000年代初頭 Marché aux Truffes, Ménerbes　1分27秒 https://youtu.be/2bwKPzwp3Cs

11 ニーム・世界中の誰もが知っている製品の発祥地
―ローマ時代の水道橋ポン・デュ・ガールを通って水が運ばれた街―

南仏生まれの世界中の誰もが知っている製品とは？

南仏プロヴァンス地方が人々を魅了するのは、歴史と自然に育まれた大地で、さまざまな名物に代表される強烈な個性を発揮しているからです。ところで、南仏で生まれた製品の中で、世界中の人に最も馴染みのあるものは何でしょうか？　私は**デニム**のジーンズではないかと思います。

デニムというのは、フランス語の de Nîmes（ドゥ・ニーム）から来ており「ニーム産」という意味です。正確には serge de Nîmes（セルジュ・ドゥ・ニーム）で「ニーム産の綾織り（あやおり）」が語源です。これが短縮され denim（デニム）という表現になりました。

ニームの街では中世から織物産業が盛んで、ニームで作られる綾織りの生地は丈夫なことで知られていました。ニーム産の綾織りの生地は、イタリアのジェノバの港を経由して、世界各国に輸出されました。ジェノバはフランス語では Gênes ですが、これがやがて jean という表現になりました。これがジーンズの語源です。つまり「デニムのジーンズ」というのは、ニーム産の生地がジェノバを通って運ばれて製造されたものが起源なのです。

鎖でつながれたワニがニームの街のシンボル

ニーム（Nîmes）は、アルルの北西、南仏プロヴァンス地方の西の端に位置します。プロヴァンス地方は長い歴史を持ちます。本格的に歴史に登場するのは、紀元前６００年頃にギリシアがマッサリア（現在のマルセイユ）を植民都市とした頃からです。時は流れ、紀元前１００年代に、ローマがガリア（現在のフランス）へと進出し始めました。ガリアはローマの属領（プロヴィンシア・ロマーナ）となり、これが**プロヴァンスの語源**となりました。ローマ征服時代に栄えた街の一つがニームでした。

ニームのシンボルはヤシの木に鎖でつながれたワニです。これは、クレオパトラらを破って、紀元前31年にエジプトを平定したアウグストゥスが、帰還兵にこの町を整備させたことに由来しています。鎖につながれたワニは、征服されたエジプトの象徴なのです。現在、ニーム中心部のマルシェ広場にはワニの像があります。

ニームのシンボル　鎖でつながれたワニ　1997年

最も保存状態のよいローマ時代の闘技場

古代ローマ時代に建てられた円形闘技場は、各地で70ほど残っています。フランスではアルルに残るローマ時代の円形闘技場がよく知られています。ニームの円形闘技場は保存状態の良さでは現存するローマ闘技場の中で世界最高レベルだと言われています。現在も、秋祭りフェリアや、闘牛のほか、オペラやコンサートのイベントに用いられています。他に、神殿メゾン・カレやマーニュの塔など、街のいたるところにローマ遺跡がのこっています。フランソワ・トリュフォー監督のデビュー作で短編「あこがれ」（1958年）の舞台となったのがニームです。

ローマ時代の水道橋ポン・デュ・ガールを通って水が運ばれる街

ニームという名前の由来は、街にある大きな泉に住んでいたと言われる水の神ネマウスス（Nemausus）にあります。水と言えば、ローマ時代に築かれた導水路によって、北東にある**ユゼス**（Uzès）という街の近郊にあるユールの泉から、ニームの街まで飲料水が送られていました。ユゼスはとても美しい街並みで、映画のロケーションによく使われます。

さて、全長50キロある導水路の途中にあるのが、**ポン・デュ・ガール**（Pont du Gard）という世界遺産です。「ガール県（Gard）の橋（Pont）」を意味するポン・デュ・ガールは、ガルドン川に架かる

3層の巨大な石の橋です。高さ50メートル、長さ275メートルあります。造られたのは1世紀中頃と推定されています。

水源のユゼスと水が運ばれるニームとの高低差は12メートルです。したがってニームまで水が流れるように、導水路には1キロあたり24・6センチメートルという傾斜がつけられています。当時のローマ人の建築技術にはうならされます。

ニームの円形闘技場　1997年

ポン・デュ・ガール　1998年

ニーム名物　ブランダードの老舗
(干したタラの身をすりつぶしてオリーブオイルと牛乳で練り上げた白いペースト)　2024年

12 プロヴァンス・プリントの老舗「ソレイアード」
―ローヌ川沿いにたたずむ怪物伝説の街タラスコン―

中世プロヴァンスのたたずまいを残す街タラスコン

アルルからアヴィニョンに向かって車でしばらく北に走ると、フォンヴィエイユの街に着きます。この街にはプロヴァンス地方の作家アルフォンス・ドーデの『風車小屋だより』で知られる風車小屋があります。風車小屋を横目にもう少し北上すると、**タラスコン**(Tarascon)に到着します。ローヌ川沿いにたたずむタラスコンは、中世のプロヴァンス伯爵領時代の街並みが残る街です。タラスコン城はプロヴァンスに残る最も美しい城塞建築の一つと言われています。

この街には人食い怪物タラスクの伝説があります。タラスコンの地名の由来は、この怪物の名前なのです。毎年6月には、怪物伝説にちなんだタラスク祭りが開かれます。タラスコンは、アルフォンス・ドーデ作品中の登場人物アルラタンが活躍する街でもあります。そして、何よりもタラスコンには、プロヴァンス・プリントの伝統を今に伝える老舗**「ソレイアード」**（SOULEIADO）の本社があります。

プロヴァンス・プリントとは

プロヴァンス・プリントは、とても色鮮やかな布です。南仏の黄土色、ラベンダーの紫、トマトやピーマンの赤、ズッキーニの緑などの色が用いられます。デザインの題材としては、南仏のシンボルであるセミや、オリーブ、ひまわりなどの花や果実が使われ、プロヴァンス文様が確立されてい

ソレイアード本社

ます。テーブルクロス、カバン、ドレス、シャツなど、プロヴァンス・プリントを用いたさまざまな製品があり、愛用されています。

ソレイアードのWEBサイトによれば、プロヴァンス・プリントには次のような歴史があります。17世紀にインド更紗（さらさ）を商っていたアルメニア人からプロヴァンスの木工職人や指物師に版木染めの技術が伝えられます。南仏の職人たちはこの技術を洗練し、独自のプロヴァンス・プリントを開発するに至ります。版木を用いて布を染める手法はトワルパントと呼ばれるようになりました。版木は、半年から2年の年月をかけて、ひとつひとつ手彫りで作り上げられます。

プロヴァンス・プリントの産業は爆発的に隆盛し、王家の伝統産業を圧迫するという理由から、一時期は禁止令などによって弾圧を受けました。19世紀の産業革命、二度の世界大戦など、何度も苦難の時代を迎えながら、利用者から圧倒的な支持を受け続けて発展してきました。その中心が、ソレイアードでした。

プロヴァンス・プリントの老舗ソレイアード

18世紀の末に発令されたプロヴァンス・プリント生産禁止令が及ばなかったタラスコンの街に、１８０６年、ソレイアードの前身となる工場が設立されました。１９１６年、同工場の経営権をドメリー家が獲得しました。１９３９年6月3日にシャルル・ドメリーがソレイアードのブランドを創立し

本社工場に併設する博物館にある版木のコレクション

ました。ソレイアードとはプロヴァンス地方の古い言葉で、雨上がりの雲の間から射し込む太陽の光を意味します。この名前には南仏の明るい太陽への賛美と感謝の気持ちが込められています。ソレイアードの強みは、何と言ってもシャルル・ドメリーがこつこつと集めていった4万点に上る版木のコレクションにありました。

1947年には、ソレイアードによるプレタポルテ生産が始まります。花柄のワンピースやスカートなどは、女優をはじめ、多くの

ソレイアードを愛用した女優たち（博物館の展示より）

女性に愛されました。故ダイアナ妃もその一人でした。１９８６年にシャルル・ドメリーが亡くなり、ソレイアードは現在、ドメリー家以外が所有しています。

南仏の食卓で、南仏のお祭りの衣装として、南仏のさまざまなところで、プロヴァンス・プリント、そしてソレイアードの製品は、人々の生活に鮮やかな色どりを与えています。

＊ソレイアードのウェブサイト
https://www.souleiado.com/fr

13 南仏の港町マルセイユで生まれたリーディング・カンパニー

ソデクソ（Sodexo）は、社員食堂、学生食堂、学校給食、病院食、高齢者施設食など食堂マネジメントサービスを軸に、ファシリティ・マネジメント（施設管理）の分野で世界シェア1位を争う企業です。

ソデクソの起源は、１９６６年にマルセイユで、**ピエール・ベロン**（Pierre Bellon １９３０-２０２２）が起業したクルーザーや豪華客船向けのケータリング事業にあります。同社は、社員食堂、学校給食、病院食、高齢者施設食などへ事業拡大しました。やがて欧州域内のみならず、M&Aを通じて北米にも進出するなど、積極的なグローバル展開を果たしました。日本にも進出しています。

主要事業は、本業で売り上げの97％を占める①食堂マネジメント・サービス（世界1位）、②認定レストランで使用可能な食事券発行サービス（世界2位）、③河川・湾岸クルーズ（世界1位）です。

グループ総売上高は１００億ユーロ以上、日本を含む76カ国に展開し、運営する食堂などの事業所数は2万5千、総従業員数30万人です。（本章の初出エッセー執筆時の２０１１年現在）

社員食堂を設けることができない企業のためにソデクソが考案した食事券（チケ・レストラン、Ticket Restaurant）は、フランスで広く活用されています。企業から支給されたチケットを使って、社員は、提携レストランでリーズナブルな価格でランチをとることができます。

ソデクソ・グループは、ピエール・ベロンが一代で築き上げたリーディング・カンパニーです。ファミリー企業としての存在感も発揮しており、２０１６年に父ピエール・ベロンから娘ソフィー・ベロンへの事業承継を果たしています。

第二部　芸術　文化　健康

14　夏の風物詩　バカンス地の音楽祭
―ロック・ダンテロン　国際ピアノフェスティバル―

6月21日フェット・ド・ラ・ミュジックが告げる夏の訪れ

毎年6月21日になるとフェット・ド・ラ・ミュジック（音楽の祭典）というお祭りがフランス各地の街角で繰り広げられます。昼が一番長く、夜が一番短いこの夏至の日に、街のいたるところで、音楽演奏が行われます。大阪府高槻市で、毎年ゴールデンウィークに高槻ＪＡＺＺストリートが開催されますが、それと同じ形式です。フェット・ド・ラ・ミュジックは、ミッテラン社会党政権時代の1982年にジャック・ラング文化大臣の発案により始まったイベントです。大成功を収めて、夏の到来を告げる風物詩となったこのイベントは、現在では、フランス以外の世界の主要都市でも開催されるようになりました。日本でも行われています。

フランスの「6月21日」でとりわけ印象的だったのが1994年の6月21日のパリでの出来事。この日、日本人ファッション・デザイナーのKENZO（高田賢三）が、パリ中心部のポン・ヌフ橋を花で飾りました。パリのあちらこちらからフェット・ド・ラ・ミュジックの演奏の音が響く中、この日1日限りでポン・ヌフ橋は色鮮やかな花でおおわれたのです。

パリ　ポン・ヌフ　1994年6月21日

フェット・ド・ラ・ミュジックの喧騒が終わると、6月も終わりにさしかかり、フランスの小学校では、学年末の学校のお祭りが催されます。子供たちが音楽やダンスを披露し、親たちは飲食のスタンド運営やバザーを行います。お祭りが幕を閉じ、後片付けが終わると、家族と家族、子供と子供とで言葉を交わします。「ボンヌ・バカンス！（よい休暇を！）」。そうです。7月になると、バカンス大国フランスでは夏休みの到来です。

バカンス大国のバカンス

バカンスとはフランス語で「休暇」を意味します。フランスでは年間5週間の「有給休暇」があります。夏に大部分のフランス人は最低2週間は続けてバカンスをとります。短期に名所めぐりの周遊型の旅行をする日本人と違い、フランス人は1箇所に長期滞在型の旅行をします。

バカンスの宿泊先として、お金に余裕のある人はクラブ・メッド（地中海クラブ）のようなバカンス施設やホテル、あるいは自分が所有する別荘に滞在します。一般的には、土曜日から翌週の土曜日までの1週間を単位として、キャンプ場、ジット（貸し別荘）、シャンブル・ドット（民宿）、貸しアパートなどが利用されています。

南仏でゆったりとバカンスを過ごす醍醐味の一つが、マルシェ（食産物や工芸品を売る市）をめぐることです。マルシェで土地の食材を調達して、自分で調理するためにも、「キッチン付き」の宿泊場所が便利です。

さまざまなバラエティの料理を安い値段で食べることができる日本とは異なり、フランスではちょっとした安い外食ができるレストランがありません。このことからも、「マルシェ散策→食材入手→自炊」という流れになります。さらに昼間から「ロゼ・ワインについつい手が伸びて→食後に昼寝・休憩」となることがありますが、理にかなっています。なぜなら、南仏の午後の日差しは本当にきつく、太陽が近い感じで、とても外で活動する気にはなれないからです。

昼寝から覚めると、涼しくなってきます。完全に日が暮れるのは午後10時くらいです。夕食後もまだ明るい中、散策する楽しみの一つとして、各地で開催される音楽祭があります。

南仏の音楽祭

日本では、各地で夏祭りが開催され、花火大会などで地域が盛り上がりを見せます。同じように、フランスでも全土で夏にフェスティバルが開かれ、人々のバカンスを彩ります。夏の一大バカンス先である南仏では、多くの街で大小さまざまな芸術祭や音楽祭が行われます。代表的なものとして、アヴィニョンの演劇祭、エクス・アン・プロヴァンスの国際音楽祭、オランジュの野外音楽祭、ジュアン・レ・パンのジャズ・フェスティバルなどがあります。

リュベロン山脈地方にある**ラ・ロック・ダンテロン**（La Roque d'Anthéron）という人口5、000人の小さな村で、毎年、世界屈指の国際ピアノ・フェスティバルが開催されます。

ラ・ロック・ダンテロン国際ピアノ・フェスティバル

ラ・ロック・ダンテロンは**シルヴァカーヌ修道院**（Abbaye Silvacane）のすぐ隣にあります。この修道院はル・トロネ修道院とセナンク修道院と共に「プロヴァンス3姉妹」と呼ばれる質素なシトー会の修道院です。17世紀に建てられたフロラン城の公園を主会場とするラ・ロック・ダンテロンのピアノ・フェスティバルは1982年に始まりました。この間、領主のオノラティニ家と芸術監督のルネ・マルタンの情熱により、さまざまなジャンルのピアニストが世界中から参加するようになり、世界最大級のピアノ・フェスティバルになりました。

毎年、公園内の野外ステージ、シルヴァカーヌ修道院などを会場に、約400人の音楽家が参加し、およそ80のステージが実施されます。2013年には7月中旬から8月中旬のひと月間でおよそ8万人の来場者が世界中から集いました。リュベロンの大自然を背景にした野外ステージで、日暮れ時に、公園入口の道路沿いに立ち並ぶプラタナスの葉の揺らぐ音や、南仏のシンボルである蝉の鳴き声が入り混じる中、響き渡るピアノの調べを聴衆は五感で感じ取ります。防音設備が完璧な近代的なコンサートホールでのステージにはない魅力。こうしたことに演奏者も聴衆も魅力を感じたからこそ、この音楽祭はこれだけ成長したのでしょう。

シルヴァカーヌ修道院

今も、①演奏家と聴衆をできるだけシンプルに（普通に）迎え入れる、②演奏と設備のクオリティ、③多くの熱心なボランティアの参画という、創設期の精神が大切に守られているのです。

ラ・ロックダンテロン　フロラン城の野外ステージ　2007年

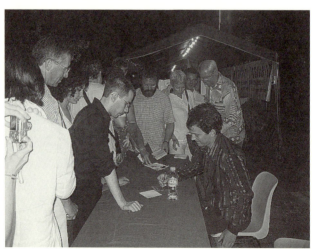

演奏者のサイン会　演奏を終えたばかりのピアニストと触れ合えるのも魅力　2008年

15 映画のゆりかご
―ペタンク発祥の地　ラ・シオター

リュミエール兄弟ゆかりの地

ラ・シオタ（La Ciotat）という街はマルセイユの東側、トゥーロンとの間にある地中海に面した街です。この街で、**リュミエール兄弟**（Frères Lumière）が「シオタ駅の到着」という作品を撮影しました。これはラ・シオタの駅に列車が到着する場面を撮影した映画です。リュミエール兄弟はこれをパリで上映しました。このパリの上映会が映画の発祥というように呼ばれています。

実はリュミエール兄弟は、パリでの上映会の前に、ラ・シオタの街にある別荘で、友達ら内輪だけで上映会を行っているのです。この史実に着目したシオタの人たちは「映画のゆりかご」というように自分たちの街の宣伝をしています。街の中心部にある映画

シネマ・リュミエール　1997年

館シネマ・リュミエールはリュミエール兄弟が世界で最初の映画を撮影したシオタ駅のような形をしています。そこにはリュミエール兄弟の写真がはめ込まれ、「映画のゆりかご」という街を代表する映画館にふさわしい状況になっています。ラ・シオタにはミッシェル・シモンという戦前戦後に活躍した俳優が住んでいました。このことも「映画のゆりかご」という街づくりの宣伝に役立っているようです。

国民的競技のゆりかご

ラ・シオタという街について、もうひとつ忘れてはならないことがあります。フランスは、1998年に地元で開催されたサッカーのワールドカップに優勝するなど、スポーツが盛んな国です。一般の人たちにとっては、**ペタンク**（Pétanque）とよばれる鉄のボールを投げる競技が国民的スポーツのようになっています。南仏の夕暮れ時、あちこちの街の広場でペタンクをしている人たちの姿を見かけます。両足をそろえるというのがペタンクの語源です。鉄球を投げて、的の近くに寄せた人が勝つという一見単純なゲームです。でもとても奥が深くて、一度始めるとはまってしまう競技でもあります。

もともと南フランスに伝統的にあるゲームだったのですが、現在フランス中で行われているようなルールになったのは、このラ・シオタという街で1910年に行われたのが最初だといわれています。ラ・シオタはこのペタンクの発祥の地でもあるわけです。日本でもペタンクは普及しており、各地に協会があります。

南仏モンペリエ大学からロワ准教授をお迎えして

２０１２年の2月から3月にかけて、モンペリエ第一大学経営学部のピエール・ロワ准教授を関西大学経済・政治研究所にお迎えしました。新進気鋭のロワさんは経営戦略論がご専門で、映画館の経営戦略について研究している方です。ロワさんといっしょにいくつかの映画館にインタビューに行きました。

高槻アレックスシネマの池田知一郎支配人は「地域に根差した準大手のチェーンとしてお客さんとの交流を大切にしていきたい」と話してくれました。

第七藝術劇場代表取締役の松田昭男（マツダアキオ）さんは、映画館を中心に文化と交流をテーマに新しい町おこしに挑んでおられます。「経済産業省が推進するシネコンのシェアが85％となりました。これは社会問題です。シネコンが増えると、確実に街の小さな映画館がつぶれていきます。地域に密着した文化と交流の担い手が減っていくのです」。

日本とフランスの映画事情

２０１０年の総スクリーン数はフランスが５４７８で日本が３４１２。同年の総観客数はフランスが2億630万人で日本が1億7440万人でした。フランスの人口は日本の約半分なので、これは相当の差と言えます。2005年に1人当たりの観た映画本数で見てもフランスの2・98本に対して日本は0・9本でした。この差の理由として、フランスでは文化として映画を見るということが定着していること、料金が安いこと、日本では料金が高すぎること、映画以外の娯楽が多様であることなどがまず指摘できます。一方で、桝田さんが指摘されていたように、文化としての映画を保護すべく、街角の中小映画館への支援政策があるフランスと、それがない日本との差は歴然としています。

フランスでは、特に地方都市の街角の映画館に雰囲気があります。街角にある映画館でもスクリーン数は4つ以上あります。いわゆる大型シネマコンプレックスは街の中心部ではなく、車で行く郊外のショッピングセンターの中にあります。

フランスでは映画入場料に含まれている税金に基づく予算で、国立映画センター（CNC）が「芸術的作品を上映している」「有望な若手監督の作品を上映している」と判断した中小規模の映画館に補助金が支払われているのです。南仏で生まれた映画について、桝田さんの言葉でしめくくっておきましょう。

「本来、映画館というのは人々の心をいやしてくれる場です。地域の交流と共感の場なのです。文化としての映画を大切にしなければなりません」。

エクス・アン・プロヴァンス　映画館　ル・セザンヌ　1997年

モンペリエ　映画館　ディアゴナル　社会派の作品や若手監督の作品を上映

16 世界最古の映画館エデン・テアトル
―取り壊しの危機からのレジリエンスの象徴―

南仏プロヴァンスの港街マルセイユの東にある海辺の街ラ・シオタに話を戻しましょう。この街は、映画と球技ペタンクという2大文化の発祥の地です。小さなこの街は映画（シネマトグラフ）を発明したリュミエール兄弟ゆかりの地で、フランス映画史に大きな足跡を残しました。

この街には世界で最も古い映画館**エデン・テアトル**（The Eden Théâtre）があります。１８８９年6月15日にマルセイユの興業主アルフレッド・セガンはエデンをオープンしました。これが神話的な映画館になろうとは夢にも思わなかったことでしょう。やがてセガンはエデンをラウル・ガローに売却しました。観客２５０人が演劇や音楽などを楽しみました。１９９2年にラ・シオタ市が購入するまで、ガローの妻のスーラ家が1世紀間エデンを所有しました。ガロー夫妻は、バカンスでこの街を訪れるアントワーヌ・リュミエールと親しくなりました。リュミエール兄弟の父親です。水彩画が趣味のリュミエールは海の光景に魅了され、エデンの近くに土地を購入し豪華な別荘を建設したのです。

リュミエール家はバカンス毎に別荘に滞在しました。

１８９５年の夏、ラ・シオタで休暇を過ごすルイとオーギュストの兄弟は発明したシネマトグラフの装置で『水を撒かれた散水夫』や『ラ・シオタ駅への列車の到着』などを撮影しました。９月21日、別荘の大広間に友人たちを招き上映会が行われました。参加したガローはエデンでの上映会を提案しました。しかし、技術的な問題から実現しなかったのです。その後、パリのキャプシーヌ通りグラン・カフェで12月28日に世界初の映画の有料上映会が開催されました。エデンでは、１８９９年３月21日と22日に兄弟による作品の有料上映会が行われました。エデンは現存する世界最古の映画館となりました。

　しかし、エデンの歴史は苦難の連続でした。１９４５年３月25日、ドイツ潜水艦の機雷により建物正面が損傷。街の主要産業だった造船の不況や映画産業の斜陽化が追い討ちをかけました。さらに１９８２年12月には経営者が強盗に殺害され、映画興行が停止されることになったのです。ついには老朽化した建物の安全性から、１９９５年にラ・シオタ市はエデンの閉鎖を発表しました。しかし翌年エデンは歴史遺産の候補になったため取り壊しを免れました。

　やがてエデン擁護の人たちが立ち上がりました。１９８２年以来、第１回作品に限定した映画祭を主催している「映画のゆりかご」（ベルソー・ド・シネマ）と、２０１２年エデン保護を目的に結成され

取り壊しの危機にあった時期のエデン　1997年10月

た「エデンのリュミエール」（Les Lumières de l'Eden）の2団体が再興に奔走しました。市、県、地方も支援に回りました。フランス映画界にエデン支援の輪が広がっていきました。２０１３年欧州文化首都マルセイユの計画に組み込まれ、２０１２年６月から１年半の改修工事が行われました。ついに２０１３年10月９日に念願のリニューアルオープンが実現しました。２０１４年から「エデンのリュミエール」が市から映画館運営を委任されています。

エデン・テアトルでは、水曜日と土曜日の14時半からガイド・ツアーを実施しています。「エデンのリュミエール」のミシェル・コルニーユ（Michel Cornille）代表が自ら案内役を務めます。エデンが映画史においていかに価値があるか、いかに消滅の危機から再興（レジリエンス）したかをコルニーユ氏は情熱的に語りかけてくれます。

2013年にリニューアルされたエデン
2021年10月

エデンを取り壊しの危機から救ったミシェル・コルニーユ氏が自らツアーの案内役を務める　2021年10月

17 南仏の港町　マルセイユが生んだ英雄

「エ・アン、エ・ドゥ、エ・トロワ・ゼロ!!」。1998年7月12日の日曜日の夜から翌13日の月曜日にかけて、フランス全土で、人々が口にするこの叫び声が響きました。これは「まず1点。さらに2点。そして3対0!!」を意味します。地元フランスで開催されたワールドカップの決勝戦で、フランス代表が強豪ブラジルを相手になんと3対0で圧勝して、ワールドカップ初優勝を遂げたのです。決勝戦が行われたパリ北部のサンドニ競技場はもちろんのこと、フランス全土が歓喜と熱狂に包まれました。試合後のシャンゼリゼ通りには、人々が繰り出して踊り狂い、クラクションの音が鳴り止みませんでした。翌日に行われたパレードでは、凱旋門からシャンゼリゼ通り一帯で、第二次世界大戦でドイツの占

ワールドカップ初優勝　フランス国民の歓喜を伝える1998年当時の雑誌

領から解放された１９４４年の夏以来という人出となりました。

決勝戦で、先制点と2点目のゴールをいずれもヘディングで決めて大きく優勝に貢献し、一躍国民的英雄となったのがジネディン・ジダン（Zinedine Zidane）選手です。ジダン選手は、１９７２年６月23日、南仏の港町マルセイユに生まれました。両親はアルジェリアからの移民です。ジダン選手が生まれ育ったマルセイユは、紀元前６００年に古代ギリシア人が築いた港町マッサリアが発祥で、フランス最古の港町です。マルセイユは、エクス・アン・プロヴァンスと共に南仏プロヴァンス地方の中心として栄えてきました。街を見渡すノートル・ド・ラ・ガルド教会や旧港のたたずまい、陽気な人々、食前酒パスティス、名物料理のブイヤベースで知られる大都市です。忘れてはならないマルセイユの名物が地元サッカーチーム「オランピック・ド・マルセイユ」、通称ＯＭのファンの熱狂ぶり。試合のある日は、マルセイユの競技場スタッド・ベロドロームの周辺は独特の雰囲気に包まれます。

ジダン選手は、幼少の頃よりサッカーで頭角を表し、フランス国内リーグのカンヌと契約し、１９８８年16歳でプロ・デビューしました。カンヌとボルドーでそれぞれ4年間プレーした後、１９９６年にイタリアのセリエＡのユベントスに移籍しました。

ワールドカップのフランス大会で大活躍したのは、ユベントス在籍

ジダン一色となった1998年ワールドカップ・フランス大会関連雑誌

中の1998年のことでした。2000年のサッカー欧州選手権でフランスが優勝するのにも貢献したジダン選手は、2001年スペインリーグのレアル・マドリードに当時の最高移籍金額で移籍しました。世界最優秀選手に選ばれるなど、数々の栄光に包まれたジダン選手は、2006年に現役を引退しました。フランス代表としては、2004年の欧州選手権をベスト8で敗退した後にいったん代表を引退しました。しかし、フランス代表のドメネク監督をはじめとする国をあげての代表復帰要請を受けて代表に復帰し、2006年のワールドカップ・ドイツ大会では、準優勝に大きく貢献しました。

ジダン選手は栄光と同時に挫折も味わってきました。同じようにフランス代表も浮き沈みを経験してきました。2002年のワールドカップ・日韓大会の優勝候補の筆頭は、前回1998年のフランス大会で優勝し、2000年の欧州選手権でも優勝したフランスでした。しかし、大会前の親善試合でジダンは負傷し、開幕戦を欠場。その開幕戦で、フランスは0対1でセネガルにまさかの敗北。結局、1次リーグ1分け2敗で敗退しました。フランスリーグ得点王のシセ選手、英国プレミアリーグ得点王のアンリ選手、イタリア・セリエA得点王のトレセゲ選手という3人の点取り屋を擁するフランスは1次リーグ3試合で無得点に終わりました。第3戦のデンマーク戦に強行出場したジダン選手が試合中に芝生にたおれこんでしまっている写真は、大本命だったフランス代表の不調を象徴するイメージとして世界中を駆け巡りました。

2006年のワールドカップ・ドイツ大会では、決勝進出にジダンは大きく貢献しました。ところがイタリアとの決勝戦の大事な場面で、イタリアのマセラッティ選手に頭突きをくらわしてしまい退場処分となってしまいました。アルジェリア移民の子として、マセラッティ選手から寄せられた人種差別的な言葉に我慢できなかったのが暴行の理由と言われています。ジダンがいなくなったフランス代表は、惜しくもＰＫ戦で破れてしまい、準優勝になりました。世界中が注目する試合で国民的英雄ジダンが見せた愚行にフランス全土がため息をつきました。

マルセイユが生んだ国民的英雄ジダン
2006年

引退後、ジダンはレアル・マドリードの監督に就任。２０１６年~19年、欧州チャンピオンズリーグ3連覇を達成しました。ジダンは監督としても成功を収めました。

一方、フランス代表は、２０１８年のワールドカップ・ロシア大会で、見事2度目の優勝を遂げました。２０２２年のカタール大会でも決勝に進出し、決勝戦で惜しくもＰＫ戦の末、アルゼンチンに敗れ準優勝となりましたが、サッカー史上に残る名勝負を繰り広げました。

ワールドカップの熱狂が終わると南仏はバカンス・モード全開。音楽祭の季節です。

コルニッシュと呼ばれる海岸線から故郷マルセイユを見守るジダン
2006年　(現在はジダンの写真ではなくなっている)

マルセイユ旧港を臨む風景と街のサッカー場　2006年

18 マルセイユ－カシ

OMの聖地から美しい港町まで絶景20キロを走る人気マラソン大会

われ走る　故にわれ有り

フランス人はランニング好きです。どの街を訪れても、あちらこちらに走っている人の姿を見かけます。コロナ禍を経て、ランニング愛好者がさらに増加したようです。フランス各地でさまざまなマラソン大会が開催されています。

フランスのマラソン事情については、菅野麻美さんが実際に走って執筆された『フランスを爆走する！　三ツ星マラソン２１６０km完走記』（マガジンハウス、２０１１年）というすごい本があります。メドックのような銘醸地マラソン、モン・サン・ミシェルのような景勝地マラソン、女性だけが颯爽とパリの街を走るラ・パリジェンヌほか、フランスならではの個性あふれるマラソン大会について、ユーモアたっぷりに紹介されています。フランス文化論としても面白いのでおすすめの一冊です。

個性的なフランスのマラソン大会の中でも、南仏プロヴァンスならではの大会が**マルセイユ－カシ**（Marseille-Cassis）です。マルセイユと美しい港町カシを結ぶ20キロのレース。１９７９年に始まったとても人気のある大会です。申し込みが難しいことで知られます。

１９９７年の秋、エクス・アン・プロヴァンスで初めての南仏生活を開始した頃、地元紙『ラ・プロヴァンス』の「マルセイユ－カシ」特集に目を奪われました。何とたくさんの人が走っているんだろう、何てきれいな景色のコースなんだろう。以来、いつか走ってみたいとずっと思っていました。その時は、まさか四半世紀後にマラソンが趣味になっていて、走る日が本当に来るとは思っていませんでした。

24年の時が流れ、２０２１年10月30日、マルセイユ－カシ第42回大会を走る日が来ました。20キロの大会ですが、前日には、フルマラソン大会並みのエキスポが競技場横のホールで行われました。受付をして、ゼッケンや参加賞などを受け取ります。鮮やかな紅色の参加賞Tシャツには、「われ走る、故にわれ有り（Je cours donc je suis)」とデザインされています。哲学者デカルトの「われ思う、ゆえにわれ有り」のパロディです。エキスポ会場には、さまざまなスタンドが立ち、翌日のレースに向けて気持ちは高揚します。常連の方には前年大会がコロナ禍で中止になっていただけになおさらです。

当日朝、1万2千7百人のランナーが、スタート地点そばの競技場スタッド・ヴェロドローム周辺に続々と集結します。スタッド・ヴェロドロームは、マルセイユのサッカーチーム、オランピック・ド・マルセイユ（Olympique de Marseille)、通称ＯＭの本拠地です。プロヴァンスの人たち、特にマルセイユの人たちは、熱狂的にＯＭを応援します。

8時半スタート。レースは、マルセイユ市街地を抜け、前半10キロはずっと上りです。プロヴァンスならではの石灰岩の山肌の道になると、上りのきつさが本格的になります。同時に景色もきれいになってきます。中間の10キロ地点は、標高３７２メートルのジネスト（Gineste）峠です。峠まで上りきると、後半は、地中海とカランク（入り江）の美しい景色を横目に、一気に下っていきます。カシの手前に広がるブドウ畑の横がゴール地点です。以前はカシの港がゴールだったそうです。ランナーが殺到すると、レストランや店が営業しにくいということもあり、現在のゴール地点になったそうです。ゴール後、木彫りの完走メダルを首から下げ、カシの港まで歩きました。応援に来てくれた知人と

スタート地点そばのスタッド・ヴェロドロームに続々と集まるランナー　2021年

カシの港　ゴールして完走メダルを首からかけたランナーの姿も　2021年

大会翌日の『ラ・プロヴァンス』紙には「マルセイユーカシ」の別冊が付き完走者全員の名前とタイムが掲載される　2021年

いっしょに港に面したレストランで、カシの白ワインで完走を祝いました。カシは、白ワインで知られ、マルセイユの名物料理ブイヤベースにはカシの白が合うと言われます。

カランク　南仏プロヴァンス屈指の景勝地

カシは、こぢんまりとして、秘密にとっておきたいようなお洒落な港町です。マルセイユとカシを結ぶ20キロには、**カランク**（Calanques）（入り江）と呼ばれる美しい海岸と石灰岩の断崖が連なります。このカランク国立公園は、南仏プロヴァンス随一の景勝地です。カシの港から遊覧船に乗って海から、遊覧船から上陸して浜から、あるいは歩いて断崖から、エメラルドグリーンの美しい海を眺めることができます。

２０１８年8月18日の『ラ・プロヴァンス』紙に、同年7月の南仏プロヴァンスにある観光施設の入場者数ランキングが掲載されていました。第1位・マルセイユ地中海文明博物館（MuCEM）（11万7千人）、第2位・アヴィニョン教皇庁（9万1千3百人）、第3位・アヴィニョンの橋（7万2千3百人）、第4位・カリエール・ド・リュミエール（6万9千人）、第5位・ボー・ド・プロヴァンス（3万人）、第6位・アルル闘技場（2万4千8百人）、第7位・イフ島（1万6千7百人）、8位・スタッド・ヴェロドローム（見学ツアー）（1万5千人）。

第1位の地中海文明博物館は２０１３年にマルセイユの旧港の入り口付近に作られました。以来、南仏プロヴァンスで一番の人気観光施設になりました。第4位のカリエール・ド・リュミエール（光の石切り場）は、ボー・ド・プロヴァンスのそばのかつての石切り場に2012年に開業した音と映像の空間です。かつて、この石切り場でジャン・コクトーが遺作映画『オルフェの遺言』（1959年）を撮影しました。

入場料をとらない自然の景勝地ということになれば、南仏プロヴァンスでは、リュベロン山脈地方、サント・ヴィクトワール山、イエール諸島、カマルグと共に、カランクが筆頭に挙がります。

1994年から3年間マルセイユに暮らされた草場安子さんは『プロヴァンス、風のある暮らし』

カランク　1998年

カランクの遊歩道　2021年

（小沢書店、１９９８年）の中で、カシの近くにあるカランクの断崖が南仏プロヴァンスの自然の観光スポットとして一番のお気に入りだと記されています。草場さんの労作『キーワードで読むフランス社会　改訂版　現代フランス情報辞典』（大修館書店、２００３年）は、フランスを知る上でとても役に立つ本です。

フランス４大会を走って

２０１１年の初夏、会議で隣に座られた高橋智幸教授（現・関西大学学長）の「大阪マラソン走ろうよ」のひと声に誘われて、49歳で走り始めました。その年10月30日に開催された第１回大阪マラソンをなんとか完走して以来、マラソンにはまってしまいました。

２０２１年の10月から12月にかけての３か月間、コロナ禍の合間を縫うように、なんとか学術研究としてパリに滞在しました。この時、究極のアクション・リサーチ（参加型調査）として、10月17日のパリ・マラソンを皮切りに40日間で４大会（フル２回、ハーフ２回）を完走しました。４つの大会を比較しておきましょう。

２０２１年10月17日　パリ・マラソン（フル）：フランスのマラソン・ランキング第１位の大会。２０２０年４月開催予定だったものがコロナ禍で３度延期されて開催。つまり１年半延期されての開催。コースは、凱旋門を背にシャンゼリゼ通りからスタートし、コンコルド広場、セーヌ河畔、バスティーユ広場を走り、ヴァンセンヌの森で折り返して、再びセーヌ河畔をポンヌフ橋、エッフェル塔を横目に走り、ブーローニュの森に入って、凱旋門を正面に見ながらフォッシュ通りでゴール。歴史ある美しい街並みを巡るコース。国際色豊かな声援。4時間52分18秒で完走。

10月31日、マルセイユーカシ（20キロ）：第42回。前述の通り、マルセイユのスタジアム前から、前半10キロずっと上り、後半は、一気に綺麗な港町カシを目指して下る。絶景の大会。フランスのランナー憧れの人気大会で、申し込みが難しい。1時間55分12秒で完走。

11月19日、ボーヌ・ワイン・オークション・ハーフマラソン（ハーフ）：メドック・マラソンのような銘醸地マラソンの一つ。毎年11月第3週末に　ボーヌで開催されるブルゴーニュ・ワイン黄金の3日間の祭典に合わせて開催。前夜にはボーヌの歴史的建物ホスピスの中庭を走るナイトランがある。大会はボーヌ南部のヴォルネイ、ポマール、ムルソーの銘醸畑の中を走る。10キロ地点などでワインが振る舞われる。完走者にはもれなく参加賞としてブルゴーニュの赤ワインのボトル1本贈呈。表彰式後に、マグナムボトルが当る抽選会。壇上にいる入賞したトップランナーたちが、観覧席でゼッケンを掲げる人たちの中から各自1人を選ぶ形式。フランス人男子第2位の若いランナーが、ただ1人のアジア人参加者である筆者のゼッケン番号を呼んでくれました。こうしてマグナム・ボトルを獲得することができました。1時間55分55秒で完走。

11月28日、ラ・ロッシェル・マラソン：第30回記念大会（フル）：フランスのマラソン・ランキング第2位の大会。フランス西部の港町ラ・ロッシェルの歴史ある港と中心街を4周するコース設定。ゴールは美しい港。参加賞は大会デザインのウィンドブレーカー、30回記念のマフラー。完走者にはラ・ロッシェル沖合のオレロン島の名産物、生牡蠣が18個入ったケースが配られます。さらに女性の完走者には花束。完走メダルは、回転するようになっていて、大会のロゴとオレロン島の牡蠣の絵がくるくる回るようになっています。後半サブ4．5のペースランナーに付いて4時間28分50秒で完走。

では、日本とフランスのマラソン大会の違いは何か？　フランスでは、医師が署名した健康診断書を提出しなければ、大会を走ることはできないことです。このことは、アヴィニョンの橋や、ポン・デュ・ガールの水道橋や、ボー・ド・プロヴァンスなど、落下の危険性がある景勝地でも、日本のよ

コロナ禍で3度延期して実施された2021年10月17日のパリ・マラソン　シャンゼリゼ通りをスタートして間もなくのコンコルド広場

ボーヌ・ワイン・オークション・ハーフマラソン　2021年11月19日　フランス人第2位入賞のランナーが多くの参加者の中から筆者のゼッケン番号1735番を選んで下さり、商品のブルゴーニュ・ワインのマグナム・ボトルを獲得

うな厳重な柵がないことを想起させます。フランスでは、様々な場面で、日本よりも自己責任を問われるように思います。

19 イタリア国境の街　マントンのレモン祭り

イタリア国境に近い街**マントン**（Menton）では、毎年2月下旬から3月上旬にかけてレモン祭りが開催されます。

マントンは、もともとはレモン栽培と漁に頼る貧しい小村でした。やがて、ヨーロッパ各地から、貴族や富豪が寒い冬を避けようとして、冬場に温暖なマントンにやって来るようになりました。そんな1人に芸術家の**ジャン・コクトー**（Jean Cocteau）（1889-1965）がいました。詩人、小説家、劇作家、画家、そして戦前の名作『美女と野獣』の映画監督でもあるコクトーは、こよなくマントンの街を愛しました。市庁舎には、天井にコクトーが描いた漁師と新妻の壁画が据え付けられた「結婚の間」があります。マントン市民はここで結婚式を挙げます。日本からも1週間に1組限定で結婚式

イタリア国境に近い海辺の街　マントン　1998年

を受け付けているそうです。

地中海を臨むマントンの海辺の要塞が、コクトーの発案により、美術館となりました。そこにはコクトーの作品が展示され、長きにわたりコクトー美術館として市民や観光客の憩いの場となってきました。２０１１年11月に新しいコクトー美術館ができると、従来のコクトー美術館は要塞美術館と呼ばれるようになっています。

気候が温暖なマントンでは、伝統的にオレンジ、グレープフルーツ、レモンなどの柑橘類の栽培が盛んです。特に、レモンは、フランス全体の70%を収穫しています。レモンの街、マントンでは、１９３９年から毎年2月から3月にかけてレモン祭りが開催されます。このお祭りでは、街の中心部には、柑橘類で造形されたオブジェが立ち並びます。さらに、柑橘類で飾られた山車が海岸通りをパレードします。期間中、使用される柑橘類は１０0トン以上になるそうです。このレモン祭りは、同じ時期に開催される世界的に有名な「ニースのカーニバル」と共に、まだ肌寒い地中海岸のコート・ダジュール地方に春の予感を告げるイベントとして定着しています。

コクトー美術館　1998年

レモン祭りでは、マントン近辺の各村落で栽培したレモンやオレンジを出し合って、その年のレモン祭り実行委員会が決めたテーマに沿って、オブジェを製作します。まるで札幌の雪祭りで、雪の代わりにレモンやオレンジを使うというような感じのお祭りになっています。何よりも、柑橘類の黄色が、マントンの青空や地中海の青い海と美しく映えます。

私が訪問した1998年のレモン祭りのテーマは「タンタンの冒険」でした。タンタンは、フランスやベルギーで人気のある漫画の主人公です。タンタンの作品の名場面がレモンやオレンジを使って再現されていました。お祭りの開催期間が2週間に及ぶため、途中でオブジェに使ったレモンやオレンジが腐っていきます。そのため、随時、カビが生えたものを丁寧に新しいものに替えるという配慮がなされていました。避寒に訪れる老人の姿が目に付くこの時期のコート・ダジュール地方では、ミモザの花が満開となります。

マントンの海辺の要塞（旧コクトー美術館、現在の要塞美術館）にあるコクトーの碑にある言葉で締めくくっておきましょう。

「私はあなたと共にいる」（Je reste avec vous.）

テーマ「タンタンの冒険」 1998年

20 紺碧海岸（コート・ダジュール）の華　ニースに想いを寄せて
―２０１６年７月14日・フランス革命記念日のテロ―

２０１６年フランス革命記念日の出来事

２０１５年１月７日、フランスの首都パリで風刺週刊誌を発行するシャルリ・エブド社の編集会議の場をテロリスト２名が襲撃しました。国民的人気を誇る風刺漫画家４名を含む12名が犠牲となりました。同年11月13日には、パリ郊外のサッカー場、パリ市内のレストランとライブハウスをテロリストが襲撃しました。ライブハウス「バタクラン」では、アメリカのロック・バンドによるライブに集まった観客に向けて銃が乱射され、89名が犠牲となりました。この同時多発テロで１３０人の尊い命が失われました。

そして、２０１６年７月14日・フランス革命記念日の夜、南仏**ニース**（Nice）で信じられないような出来事が発生しました。１７８９年７月14日に市民がバスチーユ監獄を襲撃して革命の発端となったのを記念して、この日は国民の祝日です。パリのシャンゼリゼ通りで軍事パレードが行われ、各地で花火が打ち上げられます。南仏ニースでも、革命記念日の花火を見物するために海岸沿いの遊歩道に多くの見物客が集まっていました。なんとそこに大型トラックが突入したのです。トラックになぎ倒され84名が犠牲となりました。

再びフランスはテロに襲われました。しかも今度は南仏屈指の観光地ニースで最も有名な**プロムナード・デザングレ**（Promenade des Anglais）という海岸通りで発生したのです。

紺碧海岸（コート・ダジュール）とニース

南フランスの地中海沿岸部の中でも、映画祭で有名なカンヌから、モナコ公国、イタリア国境ぞいのマントンまでの一帯を**コート・ダジュール**（紺碧海岸）（Côte d'Azur）と呼びます。その中心都市がニースです。ここは冬でも温暖な気候で、19世紀になると各国から王侯貴族や富裕層が保養地として滞在するようになり、リゾート地として確立されました。海岸に沿った3・5キロの大通りは、1830年にイギリス人の出資によって造られました。そのためプロムナード・デザングレ（イギリス人の遊歩道）と名付けられました。海岸沿いを散策する市民と観光客の憩いの場となっています。1986年の夏に初めてニー

ニースの海岸（1986年）　右に見えるのが遊歩道「プロムナード・デザングレ」

スを訪れたとき、どこまでも続くような空と海の青さに圧倒されました。

ニースの名物

ニースの名物として、食べ物では「ニース風サラダ」（サラッド・ニソワーズ）があります。これはツナ、アンチョビ、オリーブ、ゆで卵などを載せたサラダで、これ一品で十分ランチになります。お祭りとしては、伝統あるニースのカーニバルが毎年2月ごろに行われます。色鮮やかな人形や山車がプロムナード・デザングレでパレードします。ニースのカーニバルは、この時期のコート・ダジュールのイベントとして、マントンのレモン祭りと人気を分かち合います。

陽光あふれ色彩豊かなコート・ダジュールには多くの画家が集まりアトリエを構えました。ニースには、マティス美術館やシャガール美術館があります。

ホテル・ネグレスコの前を通るニースのカーニバル　2001年

鷲の巣村　―中世におけるリスクマネジメントの工夫―

地中海が印象的なコート・ダジュールですが、街から少し北へ車を走らせると山間部の村々を訪ねることができます。とりわけ、山の上に作られた鷲の巣村が印象的です。日本からコート・ダジュールを巡るツアーでは、エズ（Eze）という海を臨む鷲の巣村を見学することがあると思います。山間にある**ペイヨン**（Peillon）村は、岩山から家が生えてきたような景観です。中世のたたずまいをそのまま残す秘境です。

鷲の巣村　ペイヨン　2005年

さらに進むと、**コアラーズ**（Coaraz）村があります。「フランスの最も美しい村」協会によって認定されているコアラーズは日時計で知られます。

鷲の巣村は、中世において、敵の攻撃を防ぐために、山の頂に築かれました。敵の侵入を妨げる構造になっている上に、細い通りが迷路のように入り組んでいて、仮に侵入できても敵に自由な進行を許さない構造になっています。南仏に点在する鷲の巣村の構造そのものがリスクマネジメントになっていると言えます。

ペイヨン（2005年）　入り組んだ通りが敵の行動を制約する

「フランスの最も美しい村」協会に認定されているコアラーズ（2005年）

ペイヨン（2005年）　中世のたたずまい

21

日本食は健康食
―アプトの自然食品店―

ブルターニュの自転車競技選手からプロヴァンスの自然食料品店経営者へ

リュベロン山脈地方のビュウックス村から6キロほど山を下った麓に、**アプト**（Apt）という街があります。アプトは、名産の砂糖漬け果物菓子・**フリュイ・コンフィ**で知られます。フリュイ・コンフィは、さくらんぼ、桃、みかんなど、色とりどりの果物をそのまま砂糖に漬けたお菓子です。甘くて、フルーツの食感あふれるアプトの名物です。アプトには、土曜日の午前中に、街中にマルシェが立ちます。

リュベロンに滞在するときは、ビュウックス村の村長夫妻が経営するグランド・バスティードというキッチン付きの民宿に滞在してきました。そのとき、食べるものは、アプトの自然食品店エピスリ・ヴェルトで買っていました。

アプトの自然食品店**エピスリ・ヴェルト**（Epicerie Verte:「緑の食料品店」の意）を経営するヤニークは、もともとはフランス北西部のブ

自然食品店　エピスリ・ヴェルト　1998年

ルターニュ地方で庭師をしながら、自転車競技の選手として活躍していました。北西部ブルターニュ地方の庭師で、週末には自転車競技をしていた人が、どうして南仏プロヴァンス地方のアプトという街で自然食料品店を経営するようになったのでしょうか？

ブルターニュという地方で庭師、そして自転車競技でも活躍していた頃、来る日も来る日も、ブルターニュ地方では雨が降り、天気が悪かった。天気が悪いと庭師の仕事はあまりできないし、自転車の練習もできない。とうとう28歳の時にがまんできなくなってしまいました。大きな地理の事典をぱらぱら開いて、フランスで一番日照時間の多い街のひとつということで探してみたそうです。Aで始まるので事典の最初の方に載っていたせいもあるかもしれませんが、それがアプトでした。もう雨はこりごりだということで、一大決心の末、ヤニークはアプトに移住したわけです。

ヤニークは、もともと自転車競技の選手ですから、健康にはとても注意していました。そして自然食品にはかなり興味を持っていました。アプトで、自然食品を売っている店を見つけ、熱心に通うようになりました。最初は客として出入りしていましたが、とうとう店主から「君、暇か。ちょっと店の中を手伝ってくれ。レジに立っていてくれ」と頼まれるようになりました。さらにその経営者と共鳴して、やがて店を任されるようになり、ついには店を買い取ってしまったということです。ヤニークはこういう経緯で転職しました。

私はヤニークの店でリュベロン滞在時の食材を買うようになりました。ある日、じっくり話を聴いてみました。

「今の仕事のどういったところがおもしろいか」と質問すると、「私の仕事はとてもおもしろい立場にあるのだ」と答えてくれました。いろいろなお客さんたちが「体のここが悪いのだけれど、どのようなものを食べたらいいだろう」というような相談に来ます。それに対してアドバイスを与えたりしながら交流していきます。さらには自然食品、有機栽培の野菜といっても、さまざまな基準があって、中には基準の守り方がいいかげんなところもあります。そういったものを厳しく見きわめて、基準をきちっと守っていないところとはもう取引をやめるとか、そのような見張り番としての立場もやりがいがあると語ってくれました。

ヤニーク　1998年

日本食は健康食　―日本ブームが後押し―

もともと、フランスでは、自然食品に関心のある人たちの間で、豆腐、豆乳、醤油など、日本の食材は健康食品と位置づけられており、自然食品店で根強く買い求められてきました。

欧州では、Limaというブランドで、日本の食料品が製造販売されています。ヤニークの店エピスリ・ヴェルトでも、多くの日本の食料品が置かれています。豆腐などは、日常的によく売れています。

1998年の写真

２０２1年秋にアプトを訪れました。久しぶりにヤニークにあいさつしようと、エピスリ・ヴェルトに足を運びました。店にいた息子さんが、ヤニークは健康上の理由から、店を双子の息子さんたちに譲り、ブルターニュへ戻って暮らしていると話してくれました。ふと見ると、店の壁に私が１９９8年に撮影したヤニークの写真をまだ貼ってくれていました。

２０２4年夏に本書執筆のための追加取材で南仏に滞在した際、アプトに行きました。エピスリ・ヴェルトに寄って、息子さんに「ヤニークは元気ですか？」と尋ねると「父は、今年の3月、バカンス先のグルノーブルで脳出血を起こし、そのまま亡くなりました」と教えてくれました。

ダンスや音楽活動もしていたヤニーク。彼が出したＣＤを頂き、店の壁に貼られた写真の笑顔を見ながら、店を後にしました。

22

南仏が生んだ昆虫学者　アンリ・ファーブル

―日本ではこれほど有名なのに本国では無名な偉人―

かつてのアラン・ドロンからファーブルまで、日本で絶大な知名度

「ダーバン、セ・レレガンス・ド・ロム・モデルヌ」（D'urban, c'est l'élégance de l'homme moderne.）。1970年代、レナウンのスーツ・ブランド「ダーバン」のCMで、**アラン・ドロン**（Alain Delon）がささやくこのフランス語は、彼の美貌と共に大きな話題を呼びました。言葉の意味は「ダーバンは現代の男のエレガンスだ」。

1960年、ルネ・クレマン監督『太陽がいっぱい』でスターダムに駆け上がったアラン・ドロンは日本で絶大な人気を誇りました。映画雑誌による外国俳優の人気投票で

セリニャン・デュ・コンタ村
アンリ・ファーブルの像　1998年

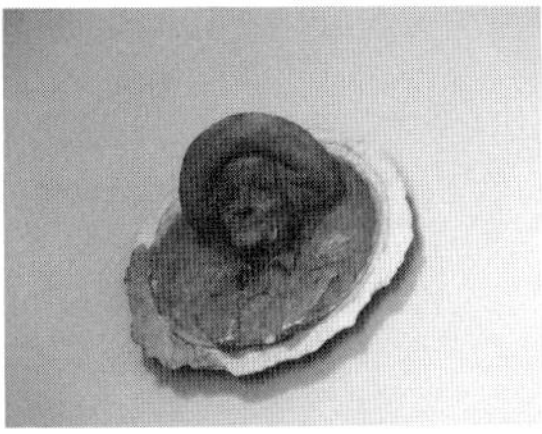

アンリ・ファーブルの像
ファーブル博物館　2012年

は10年にわたり第1位。日本のある旅行社が企画したアラン・ドロンのディナーショー付きパリ・ツアーは大人気でした。

そのアラン・ドロンも2024年8月18日に逝去しました。今の若い日本人には知られていませんでした。

一方、いつの時代も、あらゆる年代層の日本人に知られているのが**アンリ・ファーブル**（Henri Fabre）です。日本中の小学校の図書館に『ファーブル昆虫記』が置かれています。複数の偉人伝記漫画シリーズでファーブルが取り上げられています。日本人なら老若男女が知っているアンリ・ファーブルですが、本国フランスではまったくと言っていいほど知られていません。驚くばかりです。では、南仏が生んだこの偉人の足跡をめぐってみましょう。

ファーブルの生地　アヴェロン県サン・レオン

1823年、フランス南西部、アヴェロン県の**サン・レオン**（Saint-Léons）村でアンリ・ファーブルは誕生しました。この地方には、**コンク**（Conques）という美しい村があります。コンクは「フランスの最も美しい村」のひとつに認定されている村です。

ファーブル一家はロデズという街に移住しますが、父親がカフェ事業に失敗。生活が困窮し、辛酸をなめました。しかし、1839年、16歳の時にプロヴァンス地方のアヴィニョン師範学校の入学試験に合格。卒業後、カルパントラの小学校教員、次いでコルシカ島の中学校教員になりました。このコルシカ島でファーブルは博物学と出会いました。1853年には母校アヴィニョン師範学校の物理教師になり、この頃から本格的に昆虫の研究を始めました。

生活苦の中で昆虫の研究

ファーブルの生活は決して楽ではなく、教師業の傍ら、科学入門書を執筆して生活費を稼いでいました。さらに、収入を増やそうと植物から染料を取り出す研究に10年を費やしました。しかし、ドイツで人工的に染料を作ることが可能となり、10年の努力は水泡に帰しました。彼の授業や評判に嫉妬する周囲の態度に苦しめられた末に、アヴィニョン師範学校を辞めました。そんなファーブルを支えたのが、家族愛でした。オランジュに移住し、科学書出版で生計をたてながら、昆虫の研究を続けて、1877年、54歳のときに『昆虫記』第一巻を出版しました。

美村中の美村コンク　2000年

サン・レオン　2000年

セリニャン・デュ・コンタの自宅で研究に没頭

1879年、オランジュから**セリニャン・デュ・コンタ**（Serignan du Comtat）村に移住し、以後およそ30年にわたり、自宅の庭で昆虫を観察し研究に没頭します。この間、最愛の息子を失って悲嘆にくれた時期も過ごします。1907年、84歳のとき、『昆虫記』第十巻を出版し完結させます。しかし、本は売れず、ファーブルの生活は依然として苦しかったのです。1910年、弟子たちの努力により、ファーブルのための式典が開催され、やっと『昆虫記』が世界中に知られるようになりました。その年、ファーブルは子どもたちに看取られながら91歳の生涯を終えました。

日本人のファーブル好き、フランス人の無関心

フランスに暮らしていた頃、私の周囲でアンリ・ファーブルのことを知っているフランス人は皆無でした。ファーブルが本国フランスで知られていないのは、そもそもフランス人は日本人ほど虫に関心がないこと、パリから遠い南仏で暮らした人物であること、『昆虫記』は文学的な記述であり、学界では評価されていなかったことが原因ではないかと言われています。

一方、日本では、現在も奥本大三郎教授による訳書『昆虫記』などが読まれています。アルマス（約束の地）とファーブルが呼んだセリニャン・デュ・コンタの自宅は現在ファーブル博物館になってい

ます。訪問者の半分は日本人だと言われています。

1998年の夏、ファーブル博物館を訪れたときのことです。昼休みの時間帯に村に着いたので、午後の開館時刻の14時を待って、ファーブルの像がある広場に面したレストランのテラスで昼食を食べていました。すると、一人のフランス人が寄ってきて言いました。「あなたたちは日本人ですね。だったらファーブル博物館に行くのですね。申し訳ありませんが、今日はちょっと用事があって、午後は15時から開館にさせて下さい」。

セリニャン・デュ・コンタ村
ファーブル博物館　1998年

ファーブル博物館　2012年

ファーブルが研究に没頭した自宅（現在はファーブル博物館）の庭　2012年

日本から持参したファーブルの伝記本に館長がサイン　1998年

その人は博物館の館長だったのです。日本人のフランス文化好き、南仏のおおらかさを物語るエピソードでした。

23 おそるべし、フランスの日本ブーム　南仏小村の日本展

2つのM

南仏**モンペリエ**（Montpellier）に住んでいたころによく通った魚屋に、2013年南仏出張の際に7年ぶりに訪れたら、パック入りの寿司が売られていました。明るく気さくなマダムと職人気質のムッシューのこの店にも日本ブームの波が押し寄せていたのです。フランスにおける日本ブームには目を見張るものがあります。

日本のサブカルチャーは、海外でも人気があります。欧米で日本人気が高い国の筆頭がフランスです。現在、フランスにおける日本文化ブームの原動力となっているのは2つのMだと言えます。それは、マンガと村上春樹です。フランスは世界で日本の次によくマンガが読まれる国です。年間1500万冊以上のマンガが販売され、日本円で100億円程度の売り上げを誇っています。人気作品は『少年ジャンプ』に連載されたもので、『ドラゴンボール』『NARUTO』『ワン・ピース』はフランスでも絶大な人気です。マンガを扱う出版社も急増しました。一方、村上春樹は、『海辺のカフカ』（2002年）のフランス語版（2006年）が評判を呼んで以来、フランスで読者が急増しました。エッセ

ー『走ることについて語るときに僕の語ること』や、大作『1Q84』の評価にも高いものがあります。永井荷風が「フランスに行きたしと思えどもフランスは遠し」と詩に詠んだ時代には、日本人がフランスに憧れていました。今は、その逆で、日本のマンガやポップカルチャーに憧れるフランスの若者たちが日本に熱いまなざしを寄せています。

かつて、日本のアニメは、表現が暴力的だとされ、小さな子どもを持つ親からの批判にさらされていました。マンガも、愛好者の支持を受けていたとはいえ、一般的に読まれているとは言えない状況にありました。ターニング・ポイントになったのが、宮崎駿監督のアニメ映画『もののけ姫』（1997年、フランス公開2000年）です。この映画は、日本アニメのファン層だけでなく、一般層にも幅広く評価されました。古くは浮世絵、川端康成などの文学、黒澤明や小津安二郎の映画、そして空手や柔道などの文化や武道にフランスの愛好者が関心を寄せてきました。そこにマンガやアニメやテレビゲームなどのサブカルチャー人気が合流し、日本への関心が一般化して定着したようです。今や、フランス各地の大型書籍店に行けば、日本のマンガ・コーナーが大きな面積を占めて、圧倒的な存在感を示しています。日本の食文化の象徴としての寿司店も各地で一気に増えました。柔道の場合、フランスの競技者人口は約55万人で、日本の3倍以上。子どもの習いごととして定着し、一般市民に普及しています。柔道の愛好者は創始国の日本にとりわけ熱い視線を送っています。

ジャパン・エキスポ

フランスにおける日本文化人気を象徴するイベントが毎夏パリ郊外で開催されるジャパン・エキスポです。2000年に初めて開催されたこのイベントは、ヨーロッパ最大の日本文化の祭典となりました。人気グループのももいろクローバーZがゲストステージを行った2012年のジャパン・エキスポでは、入場者数が遂に20万人の大台を突破しました。

南仏の小さな村で大きな熱気

ジャパン・エキスポのような大規模のイベントでなくても、小規模な日本文化イベントがフランス各地で開催されています。2006年に南仏ラングドック地方の中心都市モンペリエに滞在していたとき、近郊にあるファブレーグ（Fabrègues）という小さな村で日本展が開催されました。村の公民館で、2006年4月29日と30日の2日間にわたり、日本のマンガやグッズの販売、マンガやアニメについての展示、ゲーム体験コーナー、日本文化の紹介などが行われました。南仏の小さな村の公民館は、マンガを中心に日本文化に関心のある人たちの熱気であふれていました。コスプレしたフランスの若者の姿も見かけられました。筆者が実際に足を運んで撮影した写真から、南仏の小さな村で日本文化に寄せられた大きな熱気を感じとって下さい。

NARUTO

Salon JAPAN SUN
Manga, culture et animation japonaise
www.asso-sekai.info
PROGRAMME
Fabrègues
Centre Culturel José Janson
Entrée : 2€
29 et 30 avril 2006

24 南仏の海に散った「星の王子さま」「戦う操縦士」
―サン・テグジュペリの足跡を訪ねて―

60年ぶりに南仏マルセイユの海で発見された搭乗機

フランスの**アントワーヌ・ド・サン・テグジュペリ**（Antoine de Saint-Exupéry　1900-1944）は全世界で愛読され続けている「星の王子さま」の作者です。飛行士であり、同時に作家であったサン・テグジュペリは、第2次世界大戦中の1944年7月31日、コルシカ島の基地から偵察飛行に飛び立ったまま、消息を絶ちました。彼の最後については、謎に包まれたままでした。

半世紀以上の歳月が流れた1998年9月、サン・テグジュペリが着用していたと思われる銀のブレスレットが、マルセイユの沖合で漁船の網にかかりました。これがきっかけとなり、本格的な捜索が行われた結果、2003年にマルセイユ沖の海底に沈む

マルセイユの港から海を臨む

飛行機の残骸が発見されました。機体の製造番号からサン・テグジュペリの搭乗機だったことが明らかになりました。本章では、このサン・テグジュペリの足跡を振り返ります。

リヨンに生まれ紆余曲折を経て飛行士に

1900年6月29日、アントワーヌ・ド・サン・テグジュペリは、**リヨン**（Lyon）の裕福な家庭に生まれました。ちなみに名字と名前の間に「ド」が入ると、貴族の家系です。4歳の時に父親が急死し、母方の親族が所有する屋敷などで幼少期を過ごします。特に、サン・モーリス・ド・レマンの広大な城館で、バラ園のある庭で遊んだ子ども時代の幸福な日々は、彼の原点になりました。12歳の時、

リヨン市にある生家

リヨン市ベルクール広場にある星の王子さまの像

アンベリュー飛行場で、初めて飛行機に乗せてもらい、この時の興奮が胸に刻み込まれます。

海軍兵学校への受験に二度失敗して進学を断念、弟の病死などの苦労の末、21歳の時に民間飛行免許を取得します。その後、転職、失恋など紆余曲折を経て、1926年に**トゥールーズ**（Toulouse）にあるラテコエール郵便航空会社（後のアエロスパシアル）にパイロットとして採用されます。

「夜間飛行」と「人間の大地」

サン・テグジュペリは、少年時代から文章を書く才能で注目されていました。生涯にわたり、パイロットの傍ら、執筆活動を続けました。パイロットとしては、1932年までのラテコエール社在職中、トゥールーズとカサブランカの郵便飛行、サハラ砂漠の中継地キャップ・ジュビーの飛行場長、ブエノスアイレスに派遣され南米大陸への郵便航路開拓などに従事しました。

1930年フランスに帰国し、ブエノスアイレスで知り合ったエルサルバドル出身のアルゼンチン女性コンスエロ・スンシンと結婚します。1931年に発表した「夜間飛行」（Vol de Nuit）は、フェミナ賞という文学賞に輝き、一躍文壇で脚光を浴びるようになります。これはトゥールーズで

トゥールーズの常宿ホテル・グランバルコン　32号室

の厳格な上司ディディエ・ドーラをモデルに、命がけで任務を遂行する飛行士たちを描いた作品です。

同僚パイロットとの連帯感。サハラ砂漠に不時着し3日間彷徨した極限状態。親友アンリ・ギヨメがアンデス山脈に不時着し7日後に奇跡的に救出された時の捜索体験。これら当時の航空事業における生死隣り合わせを描写しながら、人間とは何かを問うた作品「人間の大地」(Terre des hommes)が1939年に発表され、アカデミー・フランセーズ小説大賞を受賞し、ベストセラーとなります。サン・テグジュペ

トゥールーズのサン・テグジュペリ大通りはかつて飛行場のあった場所に繋がる

パリで妻コンスエロと暮らしたヴォーバン広場の高級アパート

ナポレオンの墓があるアンヴァリッドに近いサンチアゴ・デュ・シリ広場

ホテル・グランバルコン1階には草創期の航空事業を担った飛行士の写真展示

リの作品では、人間が生活する大地を空の上から眺めて育くんだ俯瞰的な視点から、大きな人間愛が描かれます。

サンチアゴ・デュ・シリ広場にある胸像

2018年に新訳が出版された「戦う操縦士」

1939年9月に第2次世界大戦が始まると、サン・テグジュペリは動員され、33-2偵察部隊に配属されます。1940年5月にドイツ軍は突如オランダとベルギーに侵攻し、すぐにフランス北東部の国境を突破して進撃を続けます。敗色濃厚の中、サン・テグジュペリは北部アラスへの決死の偵察飛行を行います。6月にパリが陥落し、フランスが降伏してドイツ占領下に置かれると、彼は除隊されます。この年の暮れ、サン・テグジュペリはアメリカに渡ります。

ニューヨークに居を構え、サン・テグジュペリは、戦争体験、特にアラスへの偵察飛行からの奇跡の生還を中心に据えた「戦う操縦士」(Pilote de guerre)を執筆します。この作品を織りなすのは、戦争の愚かさ、人間の尊厳、死の意味、そして生々しい飛行場面と戦場の様子です。１９４２年2月に仏語原版の「戦う操縦士」と英語訳「アラスへの飛行」がアメリカで刊行されベストセラーになります。ドイツ占領下の本国フランスでは11月に出版され、即完売となりますが、ドイツ協力派の反対により発禁処分になります。「星の王子さま」や「夜間飛行」に比べれば、この作品はほとんど知られていませんが、２０１８年3月に光文社古典新訳文庫から鈴木雅生氏による新訳「戦う操縦士」が出版されましたので、おすすめいたします。

パリのピエール・ド・ゴール広場にある銅板

この銅板は妻コンスエロの作品で、彼女の死後2013年にエルサルバドル政府からパリ市に寄付された

「星の王子さま」と箱根・星の王子さまミュージアム

「戦う操縦士」がアメリカで話題になった１９４２年に、アメリカの出版社からサン・テグジュペリ

に童話執筆の依頼がありました。こうして書きあげられたのが「星の王子さま」です。原題はLe Petit Prince で「小さな王子」を意味します。１９４３年4月、「星の王子さま」仏語版と英語版がアメリカで刊行されます。この年の6月、サン・テグジュペリは志願して、戦線に復帰します。そして１９４４年6月に連合軍がノルマンディー上陸作戦に成功した後の、7月31日、コルシカ島の基地からライトニング機を操縦して偵察飛行に出撃したまま戻ってきませんでした。

戦後、「星の王子さま」は、世界各国の言葉に翻訳され、全世界で愛読され続けています。特に日本では愛読者が多く、１９９９年6月29日に箱根に星の王子さまミュージアムが造られました。サン・テグジュペリが幼少期を過ごした城館を模した洋館の中には、彼の生涯についての展示がたっぷりなされており、敷地内には「星の王子さま」に登場するキャラクターが配置されています。

（コロナ禍による来場者の減少や建物の老朽化により、２０２３年3月31日、惜しくも閉館となった。）

箱根・星の王子さまミュージアム
惜しくも2023年３月31日閉館

サン・テグジュペリの言葉

愛情についてのサン・テグジュペリの金言が、結婚式のスピーチでよく用いられます。本書では、前後の文脈と共に、この金言で締めくくっておきましょう。

愛するとは：手の届かないところにある共通の目的によって同胞と結ばれたとき、僕らは初めて胸いっぱいに呼吸することができる。経験によれば、愛するとはお互いに見つめあうことではない。一緒に同じ方向を見つめることだ。同じザイルに結ばれて、ともに頂上を目指すのでなければ、仲間とは言えない。向き合うのは頂上に着いてからでいい。（渋谷豊「人間の大地」光文社古典新訳文庫、２０１５年、２７２頁）

25 感染症との闘いの物語『ペスト』とアルベール・カミュ

―南仏の美村ルールマランから旅立ったノーベル賞作家―

新型コロナウィルスとの闘い。医療現場での献身的努力。政府の決断。3月17日からの外出制限令。市民の忍耐と連帯。毎夜20時の拍手。手洗い・マスク・ソーシャルディスタンス。倒産・経営危機。5月11日から段階的な外出制限の解除。経済活動・学校再開。6月2日カフェ再開…

2020年、街と市民を襲ったこれまでの感染症との闘いは、小説『**ペスト**』(La Peste)の中で、アルベール・カミュが描いた通りの状況になりました。

不条理を描いた作家カミュのベストセラー小説

「今日、母が死んだ。もしかしたら昨日のことかもしれない」

この文章で始まる『異邦人』(1942年)でデビューした**アルベール・カミュ**(Albert Camus)は、1913年に仏領アルジェリアで生まれました。戦後、1947年に発表した『ペスト』は爆発的な熱狂を呼び、世界でベストセラーとなりました。カミュは不条理を描く作家として文壇に確固たる地位を確立しました。ドイツが占領する戦時中に執筆された『ペスト』には、戦争やナチスの不条理が投影されています。明晰な文体と共に、彼の文学の特性として「地中海性」も指摘されます。『ペスト』では、外界から隔離され感染病が蔓延する街を地中海の陽光がじりじりと照り付けます。『ペスト』発表から10年後の１９５７年に、カミュは44歳という若さでノーベル文学賞を受賞します。

本作は宮崎嶺雄の名訳、新潮文庫（１９６９年、改版２０２０年）で読めます。以下が内容です。

アルジェリアの海岸都市オランで、ねずみの大量死に続き、街中で人々が熱病に倒れます。ペストです。城門は閉じられ、城壁に囲まれた都市は外界から遮断されます。隣人が次々とペストで死んでいく中、市民は極限的な状況での生活を強いられます。主人公の医師リウーは、医療の最前線に立ち、献身的に治療に力を尽くします。市民の間には、連帯感が生まれ、ついに市は解放されます。

『ペスト』の名言：感染病の流行～都市封鎖～解放

始まり：天災というものは、事実、ざらにあることであるが、しかし、そいつがこっちの頭上にふりかかってきたときには、容易に天災とは信じられない。この世には、戦争と同じくらいの数のペストがあった。しかも、ペストや戦争がやってきたとき、人々はいつも同じくらい無用意な状態にあった。（宮崎嶺雄訳55頁）

都市封鎖：「ペスト地区たることを宣言し市を閉鎖せよ」（同95頁）この瞬間から、ペストは我々すべての者の事件となった。（同96頁）

観光業直撃：今度のペストは観光旅行の破滅であった。（同168頁）

リスクの認識：自分の目で見ることのできぬ苦痛はどんな人間でも本当に分かち合うことができない、という恐るべき無力さを証明するのであった。（同204頁）

リウー「今度のことは、ヒロイズムなどという問題じゃないんです。これは誠実さの問題なんです。こんな考え方は笑われるかもしれませんが、しかしペストと戦う唯一の方法は、誠実さということです」

新聞記者ランベール「どういうことです、誠実さっていうのは？」

リウー「一般にはどういうことか知りませんがね。しかし、僕の場合には、自分の職務を果たすことだと心得ています」（同245頁）

警戒：健康とか無傷とか、なんなら清浄といってもいいが、そういうものは意志の結果で、しかもその意志は決してゆるめてはならないのだ。りっぱな人間、つまりほとんど誰にも病毒を感染させない人間とは、できるだけ気をゆるめない人間のことだ。（同376頁）

終息：病疫のこの突然の退潮は思いがけないことではあったが、しかし市民たちは、そうあわてて喜ぼうとはしなかった。今日まで過ぎ去った幾月かは、彼らの解放の願いを増大させながらも、一方また用心深さというものを彼らに教え、病疫の近々における終息などますます当てにしないように習慣づけていたのである。（同396頁）

災禍の中の尊厳：天災のさなかで教えられること、すなわち人間のなかには軽蔑すべきものよりも賛美すべきもののほうが多くあるということを、ただそうであるとだけいうために。（同457頁）

いつかまた：ペスト菌は決して死ぬことも消滅することもないものであり、数十年の間、家具や下着類のなかに眠りつつ生存することができる。部屋や穴倉やトランクやハンカチのなかに、しんぼう強く待ち続けていて、そしておそらくはいつか、人間に不幸と教訓をもたらすために、ペストが再びその鼠どもを呼びさまし、どこかの幸福な都市に彼らを死なせに差し向ける日が来るであろう。（同458頁）

南仏プロヴァンスの美村ルールマランに眠る

ノーベル賞受賞後、カミュは南仏ルールマランに別荘を構えました。以来、パリとの間を往復する生活を送りました。南仏プロヴァンス地方の中心都市エクス・アン・プロヴァンスから北へ30キロ。風光明媚なリュベロン山脈地方の表玄関にあり、「フランスの最も美しい村」の一つに認定される美村です。

このルールマランで、1960年の新年、カミュは妻と子供たち、そして大手出版社ガリマール創業者ガストンの甥で友人のミシェル・ガリマール一家と共に過ごしました。休暇を終え、パリに向けて帰る時、カミュは列車で帰る妻子には同行せず、ガリマールの運転する車で出発しました。途中、ブルゴーニュ地方マコン地区で一泊します。『異邦人』の主人公ムルソーの名前は銘醸地コート・デュ・ボーヌ地区のムルソー村に由来します。翌日、立ち寄ったサンス村のレストランで、カミュは昼食時にボジョレー地方の「フルーリー」を飲んだと言われます。その後、ブルゴーニュ地方を抜けた国道でガリマールの運転する車ファセル・ヴェガは街路樹に激突します。助手席のカミュは即死しました。１９６０年１月４日13時55分。鞄には『最初の人間』の原稿が入っていました。遺言によりカミュの墓はルールマランにあります。没後ちょうど60年。『ペスト』の作家は南仏の地から、コロナ禍をどのように見ているのでしょうか。

ルールマラン村の中心部

ルールマランの墓地にあるカミュの墓
左奥に妻フランシーヌの墓
なぜあの日パリに向けて一緒に列車で帰らなかったのか

第三部　ワイン

26　ワイン・建築・アートのマリアージュ
—シャトー・ラ・コスト—

南仏プロヴァンス　変わったもの　変わらないもの

2018年8月中旬に南仏プロヴァンスに1週間滞在してきました。久しぶりに訪れた南仏プロヴァンスで、変わらないもの、新しくできたもの、変更されたもの、残念ながら閉鎖されたもの、…さまざまなものに触れてきました。変わらないのは、マルセイユ港のある地中海の陽光、エクス・アン・プロヴァンスのサントン人形工房フック、リュベロン山脈地方の大自然、美しい村々、地元の人々の人情、マルシェに並ぶ色とりどりの名産品です。新しくできたものの代表が２０１３年にマルセイユの旧港にできた地中海文明博物館（ＭｕＣＥＭ）です。これは、今や南仏プロヴァンスで最も訪問者が多い場所になりました。残念ながら閉鎖されたのが、「プロヴァンス風オードブル」を出してくれるビュウックス村のレストランです。シェフのモーリスの引退に伴い、オーベルジュ・ド・ラ・ルーブは２０１６年1月に閉店となりました。マルセイユの海辺の建物の壁に描かれていた98年ワールドカップ・フランス大会優勝の立役者、ジダン選手の壁画もなくなり、地元サッカーチームＯＭのマークに代わっていました。２０１８年、ワールドカップ・ロシア大会で、若手の活躍で20年ぶりにフランスは優勝し、フランス全土は熱狂に揺れました。

プロヴァンスの新名所　地中海文明博物館 MuCEM
マルセイユ　2018年

ワインと建築とアートのマリアージュ

ワイナリーのぶどう畑の中に、瀬戸内海の直島にあるような野外ミュージアムができるとしたら、どのようになるでしょうか？　それを実現したのが、**シャトー・ラ・コスト**（Château La Coste）です。これは毎年夏に国際ピアノフェスティバルが開催されるロック・ダンテロンからもそう遠くないル・ピュイ＝サント＝レパラード（Le Puy Sainte Réparade）という街にあります。この新しい名所には、南仏プロヴァンスの都エクス・アン・プロヴァンスからも、リュベロン山脈地方を代表する美しい村のルールマランからも、車でおよそ25分ほどです。

２００2年にアイルランド出身の実業家パトリック・ムキレン（Patrick McKillen）氏がオーナーとなってから、アート・プロジェクトが始まりました。２０１１年に安藤忠雄の建築による正面ゲートやアート・センターが完成したのを機に、有料で一般公開されるようになりました。２０１６年には宿泊施設ビラ・ラ・コストもオープンしています。ワイナリーとぶどう畑に展開する広大な野外ミュージアムには、世界中から招かれた建築家やアーティストの作品が点在しています。もちろん、従来通りのワイン工場見学や試飲・販売も行っています。レストラン、テラス・カフェがあり、コンサートや野外映画会も行われます。

＊建築とアートの見学：無休。夏期10時〜19時。冬期10時〜17時。12〜15ユーロ。すべて回るのに最低2時間。歩きやすい靴が必要。出発点となるアート・センターと従来のワイナリーの建物エリアにしかトイレがないので注意。

＊ワイン製造工程の見学と試飲：無休。フランス語11時と15時。英語13時。10〜12ユーロ。

シャトー・ラ・コストでは、ぶどうの有機栽培に転換し、作られるワインはＡＢ（有機栽培農産物）に指定されています。

安藤忠雄の作品

シャトー・ラ・コストの敷地にあるアートの中心を担っているのは安藤忠雄の作品です。まずゲートが訪問者を迎えてくれます。駐車場に車を置いて、従来のワイナリー・エリアを横目に上がってい

安藤忠雄　「ゲート」（2011）

安藤忠雄「アート・センター」（2011）　とレストラン「タダオ・アンドウ」

安藤忠雄　「教会」（2011）

くと、アート・センターです。この建物はフランス語でワインを意味するvinの頭文字Vの形をしています。アート・センターでは、シャトー・ラ・コストに関係する建築家やアーティスト関係の物販や、入場料の支払い、野外ミュージアムを巡るコースの説明などが行われます。アート・センター内には、レストラン「タダオ・アンドウ」があり、南仏料理と共にシャトー・ラ・コストのワインが飲めます。

野外ミュージアムには、ほかに安藤忠雄による作品・建築として、オリガミ・ベンチ、「環境について考えるための4つのキューブ」が収められた建物、そして中世からある教会をレノベーションした建築があります。

世界の建築家・アーティストの作品

銀色の巨大な円筒の形をした建物はワイン醸造施設で、フランスの建築家ジャン・ヌーベル（Jean Nouvel）によるものです。野外ミュージアム散策コースを歩き始めると、まず、音楽パビリオンに着きます。これはアメリカ人建築家フランク・ジェリー（Frank O. Gehry）によるもので、音楽コンサートなどのイベント会場となります。さらに歩くと、展示パビリオンにたどり着きます。これは、イタリアの建築家レンゾ・ピアノ（Renzo Piano）によるものです。レンゾ・ピアノは関西空港ターミナルビルを建築したことで知られます。安藤忠雄のもの以外にも、日本人の作品があります。その一つ

レンゾ・ピアノ「展示パビリオン」(2017)

ジャン・ヌーベル「ワイン醸造所」(2008)

隈研吾 「KOMOREBI」(木漏れ日)(2018)

フランク・ジェリー 「音楽パビリオン」(2008)

シーン・スカリーWall of Light Cubed (2008) などブドウ畑に点在する作品群

シャトー・ラ・コスト 入口

に建築家の隈研吾によるＫＯＭＯＲＥＢＩという作品があります。文字通り、木洩れ日の下で休憩できるような空間になっています。

日本人の活躍を誇りに

見学を終えて、夕刻、従来からのワイナリーの建物エリアで、テラスに座って、ワイングラスを片手に音楽演奏と前衛ダンスを鑑賞しました。ふと見ると、周りは西欧の方ばかりです。シャトー・ラ・コストは、車がないと、来にくい場所であることもあってか、日本人観光客は見かけませんでした。疎外感を感じる状況でしたが、心の中では、日本の、しかも大阪出身の偉大なる建築家、安藤忠雄さんのことをとても誇りに思いました。

建築と言えば、20世紀最大の建築家と言われるフランスの**ル・コルビジェ**（Le Corbusier）が１９５２年にマルセイユに建築した集合住宅ユニテ・ダビタシオンの中にあるホテル、その名もホテル「ル・コルビジェ」に2泊しました。「シテ・ラディユーズ」（輝ける都市）と呼ばれるこのユニテ・ダビタシオンは、現代の集合住宅のモデルになりました。このユニテ・ダビタシオンを含むル・コルビジェの17作品が２０１６年に世界遺産に登録されました。日本の国立西洋美術館も17作品の内の一つです。この世界遺産登録に当たっては、東京理科大学の山名善之教授が尽力されました。

シャトー・ラ・コストの「ワイン・建築・アート」プロジェクトのインスピレーションをオーナー

に与えたのは、日本の直島のミュージアムだそうです。

ラ・カヴァールとワイン観光の可能性

シャトー・ラ・コスト以外にも南仏プロヴァンスには、ワインと建築のマリアージュが見られます。ルールマラン村から車で5分、キュキュロン村の近くに**ラ・カヴァール**（La Cavale）というワイナリーがあります。ホテル・チェーンのアコー・グループ創業者ポール・デュブリュル（Paul Dubrule）がオーナーです。２０１７年にフランスの建築家ジャン‐ポール・ビルモット（Jean-Paul Wilmotte）による施設が完成して、新たな名所になりつつあります。ここは試飲、販売、見学に加えてワインセミナーを行っています。デュブリュル氏は、「エノツーリスム」（ワイン観光）というコンセプトを普及させてきました。

大阪でも２０２1年にカタシモワイナリーや河内ワインなど6社が集って**大阪ワイン協会**が設立されました。今後、ワイン観光がさらに普及することが期待されます。

ル・コルビジェ「ユニテ・ダビタシオン」(1952)
マルセイユ　2018年

ワイン・ツーリスムについて書かれたオーナーによる著書 「リュベロンのラ・カヴァール」 2018年

ラ・カヴァールの内部　2018年

ラ・カヴァールのテラスにて
日本でも人気上昇中のプロヴァンスのロゼ・ワイン
2018年

27 南仏コート・ロティ　ギガル
――ワインとファミリー――

ギガルの沿革

南フランスのワイン産地、コート・デュ・ローヌ北部のコート・ロティ地区、**アンピュイ**（Ampuis）にある**ギガル**（E. Guigal）は、南仏ワインの代表的生産者です。アンピュイは２４００年の歴史を持つワイン産地で、コート・ロティのアペラシオンの発祥の地です。ギガルの創業者エティエンヌ・ギガル（Etienne Guigal）は１９２４年14歳のときにアンピュイに定住します。ローヌ川を臨む山肌のブドウ畑の光景に魅了されたのです。エティエンヌは１９４６年に独立創業する前、当地のヴィダル-フルーリィ社に勤務していました。

１９６１年、エティエンヌの息子マルセル・ギガルは、突然全盲になった父から、17歳ではありましたが会社の経営を引き継ぎました。１９７５年には息子のフィリップが生まれ、現在はギガルのワイン醸造家として活躍しています。１９８０年代初頭に、創業者エティエンヌが若い頃に修行していたヴィダル-フルーリーを買収しました。

１９９５年には、ローヌ河畔に位置し、歴史的にもワイン醸造学的にも重要なシャトー・ダンピュイ（アンピュイ城）を傘下に収めました。シャトー・ダンピュイの伝統的な家訓は「労苦なしには資産なし」（Nul bien sans peine）です。この考え方をギガル家がしっかりと受け継いでいます。

２００３年夏、ギガルはワイン生産環境のさらなる向上を目指して、樽の自家生産を始めました。アンピュイ城の歴史的環境の下で、技術的熟練を必要とする先祖伝来の作業が行われています。

1．ギガルとは⑴　ラック・コーポレーションの視点

ギガル（E. Guigal）とは何か。日本における流通販売を担うラック・コーポレーションは次のように紹介しています。

「ギガル社の創業は戦後間もない１９４６年のこと。その後、わずか半世紀にして北部ローヌ有数の生産者へと大きく成長した。「ギガルの三つ子の兄弟」と俗に言われる単一畑のコート・ロティ、「ラ・ムーリーヌ」「ラ・ランドンヌ」「ラ・テュルク」やコンドリューの「ラ・ドリアーヌ」はギガルの名声を確固たらしめ、とりわけこのふたつのアペラシオンにおいては他に並ぶもののない、圧倒的な地位を築いている。

今日、メゾンにおいてワイン造りの全権を担うのは、3代目のフィリップ。先の三つ子のコート・ロティはじつに40ヶ月もの長期にわたって新樽に寝かされるため、オーク樽の善し悪しはきわめて重要となる。その品質を確実なものとするため、2003年以来、ギガルはシャトー・ダンピュイに樽工房を設え、年間に必要となるおよそ800のオーク樽を自製しているのだ」。(https://guigal.jp/guigal/)

2. ギガルとは(2) 坂口功一氏の視点

ワイン・ジャーナリスト山本昭彦氏の著書『ブルゴーニュと日本をつないだサムライ』(イカロス出版、2019年)の主人公、坂口功一氏は、ギガルのワインが日本に本格的に流通されるようになるきっかけを作りました。貿易会社ソシエテ・サカグチの代表、坂口氏は、ギガル家からの信頼が厚く、ギガル家と家族ぐるみの交流を続けています。

「『買い付ける時は、ヴィンテージも造り手もわからないブラインドで試飲する。いいワインがあれば、樽を持ってすぐに買い付けに行きます。優れた畑や造り手をマークしておいて、いいものは他より早く、高くても、現金で買う。家族経営だから、外部の口出しはありません』。ギガルのワインに一貫する妥協のない品質は、今なおこの姿勢からくる。」(山本昭彦『ブルゴ

ーニュと日本をつないだサムライ』イカロス出版、２０１９年、１８１-１８２頁）

３．ギガルとは⑶　山本博氏の視点

日本におけるワインの知識普及に大きな役割を果たされた山本博・弁護士は、コート・ロティとギガルについて次のように記しています、

「『ピラミッド』は、リヨンの南の古都ヴィエンヌにある。（中略）
「これを飲みなさい」と出されたのが、大ぶりのグラスに注がれた鮮紅色のワイン。（中略）
「『コート・ロティ』さ。街の対岸の斜面生まれなんだ」。
ワインの世界は広くて深い。たかがお酒と思っていた僕を、ワインの世界にのめりこませたのが、このワインだった。（中略）
「コート・ロティ」は今でこそ南仏きっての名酒だが、昔はここの南側の「エルミタージュ」の方が有名だった。なにしろ畑が急傾斜なので栽培が難しく、生産量も少なかったので一時期姿を消しそうになった。しかし二十世紀に入ってＥ・ギガル社が逸品を出し、それをワイン評論家ロバート・パーカーが絶賛したので一躍南仏のスターになった」（山本博『快楽ワイン道』講談社、２０１６年、１４４-１４６頁）。

4．ギガルとは(4)　デニス＝ケニョン・ルヴィネ教授の視点

６０００年の歴史を持つワイン産業にとって、いかにファミリービジネスが重要であるかについて、ファミリービジネス研究の第一人者であるＩＭＤのデニス＝ケニョン・ルヴィネ教授は次のように指摘しています。教授自身もワイン生産者ファミリー出身です。

・ブドウの樹がブドウを実らせるのに３年、評価に足るワインを産み出すのに10年、ブドウ園への投資の償却に30年かかる。したがって長期的な視点に立つファミービジネスに適す。

・ブドウの栽培にはテロワール（気候や土壌の地域特性）が重要な要素となる。地域に根差したファミリーはテロワールを熟知している。

教授は、「ギガルは、ブドウ畑も資本も継承せずに、ゼロから、才能と野心と情熱だけでワインの世界で成功した起業ファミリーの希有なケース」であると評価しています。また、情熱と努力、謙虚さと勇気の組み合わせがギガル家では３代に渡り継承されているとまとめています。

(Denise Kenyon-Rouvinez, "La fmaille Le vin, une affaire de famille avec la famille Guigal" dans Julien Gacon, Aurélie Labruyère, *Esthétique du vin*, Glénat, 2021, pp. 53-60.)

5．第3世代：フィリップ・ギガル

フィリップは11歳の時に学校の作文で次のように書きました。「大きくなったら世界一の仕事がした

い」。教師がそれは何かと問うと「父や祖父のように、ワインの世界で働きたい」と答えました。

少年時代から、祖父と父が週末も返上して年中仕事をしているのを目の当たりにして気後れする時もありましたが、二人が注ぐワイン造りへの「情熱」にはっきりと価値を見出しました。

１９９３年、18歳の時に、フィリップは父マルセルと一緒に働き始めました。同時にリヨン大学で、有機化学、生化学、ワイン醸造学、そしてワインの経営戦略を学びました。そして１９９７年に正式にファミリービジネスの一員に加わりました。今や揺るぎない信念と自信でファミリーの事業に携わっています。

マルセルとフィリップは、コンドリュー、サン・ジョセフ、エルミタージュ、クローズ・エルミタージュ、ジゴンダスの原産地呼称（アペラシオン）地域にブドウ畑を増やしていきました。すべて、歴史に染み込んだ著名な地域です。ギガルが専門的に扱うブドウ品種は、白ブドウがヴィオニエ、マルサンヌ、ルーサンヌ、黒ブドウがシラーとグルナッシュです。

２０１７年には、シャトー・ヌフ・ド・パプのシャトー・ド・ナリを買収しました。このことは、ローヌ北部以外での投資の開始を意味しました。マルセルとフィリップは、創業者であるエティエンヌの創業時の理念である「高品質を放棄することのない外的成長」を維持しています。現在、ギガルはおよそ２６０ヘクタールのブドウ畑を保有しています。

6．3代目フィリップ・ギガル氏夫人　エヴァ・ギガル氏の言葉

２０２１年11月4日、アンピュイにあるル・カヴォー・デュ・シャトーという施設を訪問し、エヴァ・ギガル氏へのインタビューを行いました。そこは、元々、ヴィダル-フルーリィ家の城館であったものを、１９８０年代に同社をギガルが傘下に収めたのに伴い、ギガルが所有するようになった場所です。ギガル3代目のフィリップとエヴァ夫妻は、熟慮の末にこの場所を改修し、コート・デュ・ローヌのワイン産業の歴史を伝えるミュージアムにすることを決めました。1階では通常の販売とデギュスタシオンを行い、地下1階がミュージアムです。２０２０年春にオープンしました。ローマ時代に遡る、２４００年の歴史を持つローヌ渓谷のワイン生産に用いられた古い道具やアンフォラなどのワイン関連の器具が古代の美術品などと共に展示されています。

エヴァ氏は言います。「ミュージアムはファミリーにとっての新規事業であり地域貢献です。しかし、何よりも、私たちの子どもたちの世代への承継の準備でもあります」。夫妻には２０１０年生まれの双子の男の子がいます。エヴァ氏は、新しい事業は次の世代のことを考えて行っている側面があると断言します。

エヴァ氏はコルシカ島の出身です。ワインとは全く関係がない家の一人娘でした。ギガル家がコルシカ島の別荘周辺の人たちをパーティに招いた時に、エヴァ氏はフィリップと出会いました。エヴァ氏はワインの知識は全くありませんでしたが、ギガル家に歓迎されました。

「ファミリーの人たちはみんなワインに情熱を注いでいます。情熱を持つということは、自分がしていることが好きだということです。人はあることに情熱を持っていると、それを他の人に話したくなります。話をすることによって、その物語に人を巻き込んでいくのです。私の場合がまさしくそうでした。私はワインにひきこまれたのです。魅了されたと言ってよいでしょう」。

「フィリップと出会ったおかげでこうした道を歩むことができました。とても幸運だったと思います。私たち夫婦は相互補完的な関係にあります。事業承継とは、価値観を共有することだと思います。常に同じ方向を見つめていくということです」。

「ミュージアムで示しているように、ワインは文化に関わり、地域社会の資産であり、そして地域社会の人たちに交流を促し、食文化に深く根差しています。技術や道具にも関係しています。実にさまざまな側面を持っています。代々の伝統を大切にして、伝統との一貫性を保ちながらも、新しいプロジェクトを展開するために、常に学ぶべきことがあります。限界はありません」。

7. ヴィダル-フルーリィ社　アントワーヌ・デュプレ代表取締役の言葉

２０２１年11月5日、アンピュイにあるヴィダル-フルーリィの本社を訪問し、代表取締役のアントワーヌ・デュプレ氏にインタビューを行いました。

ヴィダル-フルーリィは、１７８１年創業で、この地方で最古のワイナリーです。創業者ジョセフ＝

アンドレ・ヴィダルは早くからワイン生産で頭角を表しました。彼はフランス革命の時期にはアンピュイ市長も務めました。息子バルテルミーは父親のワイン事業をさらに発展させ、コート・ロティのアペラシオン確立に貢献しました。しかし、根に寄生するアブラムシの一種**フィロキセラ**の世界規模の大発生により、1876年から1890年にかけて、ブドウ畑はほぼ壊滅します。バルテルミーの孫ギュスターブが、フィロキセラに対する耐性を持つアメリカ産の葡萄品種にフランス品種を挿し木する方法で、全てのブドウ畑を植え替えました。ヴィダル-フルーリィは復興し、ギュスターブの息子ジョゼフが第二次大戦後にかけて大きく発展させました。しかし1979年にジョセフが亡くなると、ヴィダル-フルーリィ・ファミリーから後継者がいなかったため、ファミリー外に譲渡されることになりました。結局、1985年に、ギガルがヴィダル-フルーリィを買収することになりました。ギガルの創業者エティエンヌ・ギガルは若き頃、自分の会社を創業する前に、ジョゼフ・ヴィダル-フルーリィの下、ヴィダル-フルーリィで勤務していた経緯があります。

アントワーヌ・デュプレ代表取締役は言います。「ヴィダル-フルーリィには伝統があります。今は、ギガルの傘下に入りましたが、ヴィダル-フルーリィ独自の生産スタイルそして独立性は保証されています。近年、大きな設備投資をして生産体制を更新しました。当社は、1980年まではファミリーで事業承継を行ない200年の歴史を持つファミリービジネスでした。現在は、ヴィダル-フルーリィ家のファミリービジネスではなくなりました。しかし、買収したのがギガルというファミリービジネスであったことはとても幸運だったと思います」。

ギガル　ル・カヴォー・デュ・シャトー
（地下１階　ミュージアム）　2021年

ローヌ川　コンドリューからの眺め　2021年

ヴィダル－フルーリィ社とコート・ロティ特有の畑
2021年11月５日撮影

28 ワイン・ウォーズ　南仏の小村を揺るがしたモンダヴィ事件の教訓
―グローバリゼーションとテロワール―

南仏の小さな村に、カリフォルニア・ワインの巨人**モンダヴィ**（Mondavi）が進出するのか？

２０００年から翌年にかけて、ラングドック地方にある人口２４００人の**アニアーヌ**（Aniane）村では、モンダヴィ進出計画をめぐって賛否両論の大騒動となりました。

チリ、南アフリカ、オーストラリア、そして米国など、「新世界」と呼ばれるワイン生産新興国からの低価格ワインの攻勢に押されて、欧州、フランスなどの伝統国では、ワイン生産者は苦境にあります。

はたしてグローバリゼーションを推進するアメリカ流の大量生産がよいのか、フランス流の**テロワール**（地域・土地の特性）に基づいたワイン生産がよいのか。村を二分する論争がわきおこりました。

「ワインのマクドナルド化」

「モンダヴィのワインはヨーグルトみたいだ！」反対派の旗頭となったエメ・ギベールのこの言葉は世界中を駆け巡りました。グローバル化が進むワインの分野にも、「マクドナルド化」の波が押し寄せるのか？

この事件はオリビエ・トレス著・亀井克之訳『ワイン・ウォーズ：モンダヴィ事件』（関西大学出版部、２００９年・電子版、東洋出版　２０２５年）に詳しく描かれています。また、世界のワイン造りの舞台裏を描いたジョナサン・ノシター監督のドキュメンタリー映画『モンドヴィーノ』（Mondovino）（２００４年）の冒頭20分がこの事件を取り扱っています。

「米国流グローバリゼーションとフランス流テロワール（土壌、気候、地形、標高など地域・土地の特性）（terroir）の対比」「マクドナルド化するワイン（没個性化するワイン）」「新世界ワインの台頭によって危機に陥るフランスなど欧州の伝統的ワイン生産国」「米国の巨人を追い返そうとするフランスの小村」「3万６０００ものコミューン（市町村）が存在するフランス保護主義の問題点」など、さまざまな観点からこの事件を読み取ることができます。

カリフォルニア・ワインの父　ロバート・モンダヴィ

ロバート・モンダヴィは、52歳になる１９６６年にカリフォルニアのナパ・バレーにワイナリーを設立しました。当初から、高品質ワインの開発を目指して大成功を収め、カリフォルニア・ワインを今日の地位に押し上げる立役者となりました。モンダヴィの傑作ワインの一つに、モンダヴィ家とボルドーのロートシルト家の合作「オーパス・ワン」があります。モンダヴィのグローバル化戦略には、進出先で高級ワイン生産ノウハウを持つファミリー企業とジョイントベンチャーを作ることを基本にしていました。イタリアではフレスコバルディ家と提携して「ルーチェ」、チリではシャドウイック家と提携して「カリテラ」を開発しました。モンダヴィは、いよいよワインの本場フランスへの本格的な進出を目指したわけです。

モンダヴィの南仏ラングドック地方への進出計画

フランス進出にあたり、モンダヴィが目をつけたのはフランス南西部のラングドック地方でした。ここは、長い伝統を誇るフランス最大のブドウ生産地で、かつては高級ワインを生産していました。しかし、やがて低価格低品質ワインを大量生産する土地に位置づけられるようになり、高品質ワインの生産でボルドーやブルゴーニュなどに完全に追い越されてしまいました。

２０００年４月にモンダヴィはラングドック地方の中心都市モンペリエの郊外にあるアニアーヌ村への進出を決め、村議会に計画書を提出しました。地元政治家の後押しもあり、村議会はモンダヴィの進出計画を承認しました。

この計画が実現すれば、念願のフランス進出を果たすモンダヴィはもちろんのこと、地元アニアーヌ村のワイン製造者から地方自治体に至るまで、計画に関係する者すべてがＷｉｎ-Ｗｉｎの形で、利益を得るはずでした。

反対運動の旗頭　エメ・ギベール

モンダヴィの進出計画に対して、反グローバリゼーション運動家、環境保護主義者、狩猟愛好者、共産党、農村移住者たちが反対勢力として立ち上がりました。とりわけ反対運動の中心的役割を担ったのが、アニアーヌ村で家族主義的なワイン園**マ・ド・ドマス・ガサック**（Mas de Daumas Gassac）を営む**エメ・ギベール**（Aimé Guibert）でした。かつてギベールは、地理学者アンジャルベールの進言により、自分が保有する土地が高級ワイン用のブドウ栽培に最適であることを知りました。1978年から伝統的な手法で本格的にワイン生産を開始すると、「低価格低品質ワインの大量生産」のイメージが強かったラングドック地方で、高品質ワイン生産に成功しました。マ・ド・ドマス・ガサックは、ラングドック地方を代表する高級ワインのブランドとなりました。

政治家の介入

ラングドック地方を代表する政治家で社会党のジェルジュ・フレッシュを筆頭に、右派、左派を問わず、この地方のほとんどの政治家が、モンダヴィの計画に賛成していました。しかし、2001年3月の地方議会選挙で、現職で計画推進派の社会党アンドレ・ルイーズが敗れ、全面的計画反対を公約に掲げた共産党マニュエル・デイアズがアニアーヌの村長に当選しました。これによって、モンダヴィはアニアーヌ村への進出計画を断念せざるを得なくなりました。

２００７年夏にアニアーヌ村役場の村長室で筆者が行ったインタビューの中で、デイアズ村長は当時を振り返って語りました。「アメリカ流のグローバリゼーション、地元に利益をもたらさない手法、そして何よりも山を切り開くような計画に断固反対したのです」。

計画失敗後のモンダヴィ

失意と共にフランスから撤退したモンダヴィでは、父子間の確執が決定的となり、大きく揺れ動きました。とうとう２００４年9月にカリフォルニア・ワインの代名詞であったモンダヴィは、アルコール飲料で世界トップのコンステレーション・ブランズに買収されてしまいました。こうしてモンダヴィ家は自らの家名を冠する企業の経営権を失うことになりました。そして２００８年5月16日、カリフォルニア・ワインの父ロバート・モンダヴィは、94年に及ぶ波乱の生涯の幕を閉じました。

モンダヴィ撤退に落胆した人たち

「モンダヴィ撤退が決まったとき、みんながっかりしたよ。泣いていた人だっている。モンダヴィがラングドック地方に来てくれていたら、この地方のワイン生産にとって、世界的にどれだけ宣伝になったと思う？　自分たちのブドウ畑の近くに世界有数のワイン生産者が進出してくるはずだったのに。

今、周りを見渡してごらんよ。零細経営のブドウ栽培者たちは、みんな本当に苦しんでいるじゃないか」。こう語ってくれたのは有機栽培ワイン（フランスではＢｉｏワインと呼ばれる）のネゴシアン（ワイン取引商）のジル・バレリアニ氏です。

あなたがアニアーヌ村の住民だったら、モンダヴィの進出計画に賛成しますか？　反対しますか？

モンダヴィが進出を計画したラングドック地方
アニアーヌ
2007年８月

アニアーヌ村　マ・ド・ドマス・ガサックのテロワール
2007年８月

ラングドック・ルシヨン地方　2009年当時

マニュアル・ディアズ村長　2007年

サミュエルとエメ・ギベール父子　2007年

2024年　アニアーヌ村紀行

『ワイン・ウォーズ』電子版の準備で、2024年9月と10月にアニアーヌ村を訪問しました。この地方はローマ時代にローマへのワイン供給地としてワイン生産が栄えました。紀元92年の減産政策で衰退しますが、8世紀にシャルルマーニュ大帝がワイン生産を奨励し再興しました。780年頃からアニアーヌの聖ベネディクトゥス（フランス語表記サン・ブノワ Saint-Benoît）がこの地方にワイン畑のある修道院を次々と建造しました。9月に宿泊したオステルリ・サン-ブノワ（Hostellerie Saint-Benoît）のロドルフ・ラウル（Rodolphe Raoul）さんが村の現状について教えてくれました。

サン・ギエーム・ル・デセール（Saint-Guilhem-le-Désert）の修道院

アニアーヌの修道院（Abbaye d'Aniane）

オステルリ・サン-ブノワ経営者のロドルフ・ラウル氏と　2024年9月

かつての狩猟者グループのリーダーと『モンドヴィノ』に登場するマダム

村の中心部にあるカフェ経営者ダヴィッド・ボノ（David Bonnaud）氏はモンダヴィの進出計画に反対する狩猟者のリーダー格でした。ボノさんの店で、25年前を思い出して、みな盛り上がり始めました。「モンダヴィの計画についての、村長（社会党のアンドレ・ルイーズ）の態度が許せなかったんだ。村人には伝えずに、計画を推し進めようとしたんだ」。

村の入り口のパン屋で、バスに乗り遅れそうになるところを助けていただきました。この店のマダムは映画『モンドヴィノ』の中で、モンダヴィについては「ノーコメントよ」と印象的に答えていた方だったので驚きました。

マ・ド・ドマス・ガサック訪問　ギベール・ファミリーの結束と新展開

ラングドック随一の銘醸を妻ヴェロニクと共に創造したエメ・ギベール氏は２０１０年に引退し、２０１６年5月15日に91歳で逝去されました。志を受け継ぎ、ギベール兄弟は結束し役割を分担して、さらに事業を発展させています。

10年ぶりに広大な森林が迎えてくれました。案内してくれたのはアジア地域責任者のバジールです。「ドマス・ガサックの土壌は唯一無二。化学肥料や殺虫剤を使わないから、昔も今も変わらない。単なるヴィニョーブル（ブドウ畑兼ワイン醸造所）ではありません。大自然の中の森林なんです」「モンダヴィが来てアルブッサス山地が切り開かれなくてよかった。どうしてモンダヴィは地元のヴィニョーブルとの提携を考えなかったんだろう」。

新展開としてフラッグシップ「マ・ド・ドマス・ガサック」とセカンド・ブランド「ムーラン・ド・ガサック」に新商品が付け加わりました。ロゼ・フリザン（Rosé Frizant）というスパークリング。それぞれ有機のジンとオー・ド・ヴィ。そして、リスクをとり第3ブランド、その名も「ファミーユ・ギベール」（Famille Guibert, ギベール・ファミリー）を開発しました。これは離れた場所に新たな醸造所を建造して生産しています。

バラッド・ヴィニュロン　兄弟結束の理由

10月12日、創業者の時代に始まったバラッド・ヴィニュロン（ワイナリー散策）のイベントに参加しました。案内役はギベール兄弟のロマン。森林に囲まれた広大な敷地内を歩きます。太古の昔からの土壌を踏みしめます。ガサック峡谷と言われる所以のかつて川が流れていたところをロマンが示します。途中、スパークリング「ロゼ・フリザン」が振舞われます。生産地で飲むのは格別。さらに歩くと「この畑が1972年に創業者がクローン種でない、伝統的なボルドーのカベルネ・ソーヴィニヨンを植えた場所です。ルーツと言える場所です」と誇らしげにロマンが語ります。歩いた後には、デギュスタシオンです。アペリティフに白各種。そしてフルコースのランチ。魚料理、肉料理に合わせてドマス・ガサックが振舞われます。驚いたのは、肉料理に合わせてドマス・ガサック赤2003年ものが惜しみなく開けられたことです。

2003年の夏はフランス全土で記録的猛暑でした。猛暑ゆえにブドウが熟した2003年のヴィンテージは最高級の出来と言われます。モンペリエに家族と滞在していたあの暑い夏を思い出しながら、このヴィンテージワインをいただきました。

最後にロマンに兄弟が結束している秘訣を尋ねてみました。

「担当事業について責任の明確化が大切。何かあれば話し合う。意思決定を明確にする。陰でものごとを決めない」「個性・感性は異なるが、同じ土地で育ち、同じ教育を受け、同じ母の料理で育ち、価値観を共有している」「大切なのは、①価値観、②ルールづくり、③ルールの尊重だ」と答えてくれました。

マ・ド・ドマス・ガサック
(写真提供　Mas de Daumas Gassac)

父亡き後も母を支えて結束するギベール兄弟
(写真提供　Mas de Daumas Gassac)

醸造長のサミュエルとアジア担当バジール

ロマンとバジール
第 3 ブランド「ファミーユ・ギベール」用に
新設された醸造所にて

かつて川が流れ，峡谷と呼ばれる所以
を示すロマン

バラッド・ヴィニュロンにて　2024年10月12日

最初にカベルネ・ソーヴィ
ニョンが植えられた創始の
畑を示すロマン

2003年のドマス・
ガサック赤

29 南仏モンペリエの街を訪れて
―経営者の健康を支援するAMAROK―

モンペリエの街

2016年2月初旬、3年ぶりに南仏モンペリエの街を訪問しました。筆者は2005年夏から1年間、モンペリエ大学経営学部の客員研究員としてこの街に滞在したことがあります。フランス南西部の中心都市モンペリエは、ラングドック＝ルシヨン地域圏の首府で、エロー県の県庁所在地です。中世からの大学都市で、特に1220年に設立された医学部は名門で、ヨーロッパ最古の医学部です。医学部の卒業生には、大予言で日本でも知られるノストラダムスがいます。モンペリエは、ローマ時代からこの地方のワイン生産の中心でした。ブドウ畑を荒らすフィロキセラへの対策として、アメリカ種の台木にヨーロッパのブドウを接木する栽培法を開発したのはモンペリエの大学でした。地中海に近く、気候は温暖で、旧市街と新市街がうまくマッチした街です。

なお、フランスでは、地域圏の統合が行われました。ラングドック＝ルシヨン地域圏は、ミディ＝ピレネー地域圏と統合されました。新しい地域圏の首府には、現在のミディ＝ピレネー地域圏の首府ツールーズになりました。モンペリエの人たちは「地域圏の首府から格下げだ」とがっかりしています。（新しい地域圏の名称はオクシタニー）

トラムウェイの走る街

フランスでは、２０００年代初頭から、都市における交通手段として**トラムウェイ**が発達してきました。中心街における自動車の混雑緩和や、排気ガスによる大気汚染対策、市民の利便性向上を目的としています。モンペリエは、フランスで最初にトラムウェイが導入された街の一つです。今では、数多くの街でトラムウェイが走っています。モンペリエの場合、２０００年のトラムウェイ開業時の青い車両の第1号線から、色鮮やかな第2号線、第3号線、第4号線までが走るようになりました。街の南にある地中海の砂浜近くまでもトラムウェイで行けるようになっています。トラムウェイ網の発達に伴い、モンペリエの街の至る所が整備され、街並みはさらにきれいになりました。

中心街のコメディ広場を走る鮮やかなブルーのトラムウェイ
第１号線　2005年

AMAROK（中小企業経営者の健康支援機構）を訪問して

2月10日には、モンペリエ大学のオリビエ・トレス教授が代表を務めるAMAROK（中小企業経営者の健康支援機構）を訪問しました。

AMAROK本部にて　トレス教授と研究員の方々と　2016年

AMAROKはトレス教授が2009年に創設した組織です。「職場の健康・メンタルヘルス対策」とは「従業員向けのもの」とみなされてきました。中小企業経営者の健康・メンタルヘルスの状態についての調査研究は、世界中でほとんど行われてきませんでした。中小企業経営者は立場や責任が違う分、抱える不安やストレスの内容も従業員とは違うので、対策も別立てで講じる必要があると考えられます。しかし、それを示すデータが十分ではありません。こうした問題意識から、AMAROKでは中小企業経営者・個人事業主を対象に継続的に調査を実施しています。質問内容は、「睡眠」「食事」「健康状態」「メンタルヘルス」などです。元来、モンペリエ大学は中小企業研究の盛んなところです。

トレス教授は、「社会の基盤を支えてくれている中小企業を支援しなければならない」「中小企業の最大の資産は経営者の健康だ」「経営者が健康に留意する時間をゼロから無限大に」を合言葉に、経営学と医学をつなぐ研究に取り組んでいます。教授は、中小企業経営者の健康状況を天秤にたとえて説明します。つまり天秤で「マイナスの苦しみ（孤独・不安・ストレス）」ではなく「プラスの喜び（自分の裁量で会社の舵取りができる。自分が頑張った分だけ自分に見返りがある）」に大きく振ることが目標なのです。こうした「中小企業経営者・個人事業主ならではの喜び」を満喫する手助けをすることがＡＭＡＲＯＫの使命なのです。

動画 Video

■トラムウェイ，モンペリエ　2005年　Tramway, Montpellier 47秒
https://youtu.be/OnJqeLH_VyI

■モンペリエ　コメディ広場　クリスマス市　2000年代初頭　Place de Comédie, Montpellier.　Marché de Noël　1分30秒
https://youtu.be/DW3_3StFK08

■モンペリエ　コメディ広場　ハンドボール欧州チャンピオンズリーグ決勝パブリックビューイング　2003年モンペリエ優勝
Place de Comédie, Montpellier. Finale de CL, Handball　1分15秒
https://youtu.be/Z1V-sDClgZM

30 セート ―ラングドック地方のヴェニス―

セートとはどのような街か

エクス・アン・プロヴァンスに住んでいた時、気分転換に車で約1時間のところにあるカシ（Cassis）やラ・シオタ（La Ciotat）という地中海の海辺の街によく行きました。それと同じように、モンペリエに住んでいた時は、約1時間ほど西南に車を走らせて**セート**（Sète）によく出かけました。カシは白ワイン名産地として知られます。一方、セートの近辺は、ピックプール・ド・ピネという白ワインがよく飲まれます。

セートは、1666年に**ミディ運河**（Canal du Midi）を築いたピエール＝ポール・リケ（Pierre Paul Riquet）によって建造が始まった港町です。ミディ運河の地中海への出口になっています。世界遺産に登録されているミディ運河は、全長240キロで、セートからツールーズの街を結んでいます。ツールーズの街を流れるガロンヌ川は大西洋岸のボルドーへ至っており、こうして地中海と大西洋が水路で結ばれています。セートは運河が縦横に走り、サン・クレール山（Mont Saint Clair）の丘がそびえる「奇妙な島」のような外観の港街です。ラングドック地方のヴェニスとでも呼びうる存在です。

今もフランス有数の漁港としての存在感を見せています。

詩人**ポール・ヴァレリー**（Paul Valéry, 1871–1945）、歌手のジュルジュ・ブラッサンス（Georges Brassens, 1921–1981）の故郷です。ヴァレリーの眠る海辺の墓地があります。

宮崎駿監督の映画『風立ちぬ』（２０１３年）には、ヴァレリーの詩の一節が何度か出てきます。「風たちぬ。生きる努力をしなければならない」（Le vent se lève. Il faut tenter de vivre.）。

ティエルの味とジュット競技の迫力

セートの名物料理**ティエル**（tielle）は、タコをトマトソースで煮込んだものを詰めた円形のパイです。また、セートは、**ジュット**（joutes）と呼ばれるラングドック地方の運河特有の競技の中心地です。毎年夏のサン・ルイ祭でのジュット大会は大きな盛り上がりを見せます。この世にも珍しい競技では、運河を進む二隻の船がすれちがいざまに、船上に立つ競技者が互いに相手が持つ楯を棒で突き合って落とし合います。街には、ジュット競技者を養成する学校もあります。

ジュット競技については、フランス生活情報誌OVNIのサイト内記事、「南仏セート　水辺の夏を探しに。その１　セットの夏は「ジュット」」

セート名物　ティエル

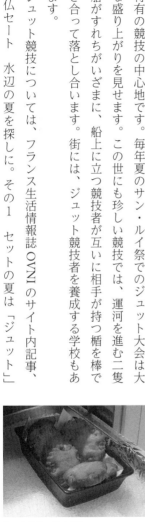

ovninavi.com/sete/ に詳しく説明されています。

大黒フランス初ゴール

ティエルの味、ジュット競技観戦と共に、忘れられないセートの街の思い出は、2006年2月3日にセートの競技場で行われたフランス・サッカー2部リーグのセート対グルノーブル戦です。前年2005年の日本のJリーグで、ガンバ大阪の初優勝に大きく貢献し、2006年にグルノーブルに移籍した大黒将志選手が、この試合で、見事フランス移籍後初ゴールを決めました。日本のマスコミを除けば、この片田舎の競技場に応援に来ていた日本人は筆者と長男の2人だけでした。地元セートのサポーターの罵声を浴びながら、私たちは大黒のフランス初ゴールの瞬間を用意したプラカードを掲げて喜びました。田舎の小さな競技場ならではのことですが、試合後、選手通用口で待って、日本企業が所有する唯一の欧州サッカーチームであるグルノーブルのGM田部和良さんの話をうかがえました。大黒選手とは握手して快挙を直接祝福することができました。この様子は「幸運日本人親子」の小見出しで、翌日の日刊スポーツ1面の片隅に掲載されました。

2003年夏　記録的猛暑の夏

フランスのサッカーと言えば、滞在していたモンペリエのチームに、2003年8月、日本の廣山望選手が入団した時のことが思い出されます。フランス・リーグでプレーする初めての日本人。しかもモンペリエに。大喜びで息子3人とモンペリエのスタジアムに廣山選手のデビュー戦を応援に行きました。スタンドでは、廣山選手を歓迎して、日の丸の旗が振られました。

モンペリエはスポーツが盛んで、特にハンドボールは強豪です。2003年ハンドボールの欧州チャンピオンズ・リーグで見事優勝しました。この時、中心街のコメディ広場は、ヨーロッパ制覇を祝う市民であふれかえりました。

この2003年の夏、フランス各地で連日40度近い気温が続き、フランス全土に180ある気象台のうち70か所で最高気温の記録を更新しました。マスコミでは、酷暑を意味する「カニキュール」(canicule) という言葉が飛び交いました。猛暑による干ばつのため、農作物に大きな被害が出ました。高齢者を中心に、猛暑が原因で死亡した人が1万人以上に上りました。老人ホーム入居者の死亡、独居老人の死亡など、いずれの場合も緊急医療体制などの危機管理体制の不備が指摘されました。バカンス大国フランスでは、医療機関においても夏の長期バカンスをとる者が多く、人出不足に陥っていました。個人主義の国で、離婚増加に伴う家族・親子関係の複雑化などを背景に、死亡した老人の引き取り手が現れないケースが数多く見られました。2003年夏にリュベロン地方のビュウックス村とラングドック地方の中心都市モンペリエに滞在した筆者は、この猛暑を肌で実感しました。

猛暑はマイナスの側面だけをもたらしたわけではありません。ワイン生産者にとって、2003年はブドウ果汁の濃度が高く、ワインの品質は史上最高の部類となる見通しです。２００３年は、猛暑の被害と共に、最高のヴィンテージとして人々の記憶に残ることになります。

モンペリエから南西へ36キロ、独特の雰囲気を持つ港町セート。人口３９５００人。ジュット競技に熱中するセトワ（セートの人）の人たちの熱い心意気が感じられる街です。

セート　サン・ルイ祭におけるジュット競技の大会　2000年

動画 Video

■セート　ジュット競技　2003年
Jouttes Sète　1分37秒
https://youtu.be/lic6lJ9yhOk

第四部

学校

31 南仏の新学期

―まったく言葉のわからない国の小学校に通うことになった子どもは―

南仏プロヴァンスに足を踏み出した日から四半世紀

1997年8月28日。私にとって忘れられない日です。フランス政府給費留学生として南仏エクス・アン・プロヴァンスの大学院で経営学を学ぶために家族と共に渡仏。3日間のパリ滞在後、エクス・アン・プロヴァンスの街にTGV（新幹線）で移動した日です。スーツケースを押してエクス・アン・

プロヴァンスの駅を降り立ったときのことが今も思い出されます。これからこの街でどういう生活が始まるのだろうと、不安と期待で一杯でした。まさかこのとき、南仏が自分にとってここまでかけがえのないものになろうとは、そのときは夢にも思いませんでした。

子どもの学校探しに奔走

到着後ひと月間、日本で予約した家具付きのレジデンスホテルに滞在しました。エクス・アン・プロヴァンスの中心部の南にある公園内のロワ・ルネというレジデンスホテルで、とてもよい環境でした。車は、日本で手続きしてプジョー406を長期レンタルしました。

さて、到着後は、生活準備を整えるのに必死でした。家探しと子どもの学校探しなどに奔走しました。近くのスーパーでの買い物に慣れた3日目の夕方、そのスーパーの駐車場で新聞の大きな見出しに目を奪われました。「悲劇の運命」。ダイアナ妃のパリでの非業の死を伝える記事でした。

9月1日に市役所に行き、いくつか小学校（エコール・プリメール）の連絡先を教えてもらいました。9月3日の朝、バル・サンタンドレ小学校に電話して登録はまだ可能かどうか尋ねたところ、すぐいらっしゃいとの返事でした。トルス川沿いの綺麗な公園の真横にある小学校に早速行きました。この日は、先生方の夏休み明けの仕事始めの日で、各教室で準備をされていました。

校長が出勤しない日だったので、女性教員の方と面談して登録手続きをしていただきました。19

90年生まれの私の長男は、年齢的にはCE1（初級課程第1年次）になるのですが、フランス語がまったくできないので、日本の小学1年生に相当するCP（準備課程）に入れてもらうことになりました。

提出した書類は次の通りです。

①戸籍謄本とその法定翻訳、②母子手帳の予防接種のページのコピーとその法定翻訳、③日本で1学期に通った高槻市の小学校が発行してくれた、転校先の校長宛の在学証明書とその法定翻訳、④住居の証明として現在滞在しているホテルが料金前払いだったので、領収証にホテルのはんこを押してもらったもの。

1995年生まれの次男はこのとき2歳と3カ月。3歳から受け入れてくれる普通の幼稚園（エコール・マテルネル）に行くには1998年の1月まで待たねばなりませんでした。おむつが外れていれば3歳以下の子どもでも受け入れてくれる幼稚園があると聞き、そのひとつであるトロワ・ソーテ幼稚園を訪ねました。しかし95年生まれの子どもの定員がいっぱいになったのでしばらく待ってほしいと言われました。当分の間、次男を幼稚園に通わせるのはあきらめました。

そして新学期の朝

1997年9月4日（木）新学期の日の朝が来ました。

朝、8時15分に、前日に登録したバル・サンタンドレ小学校へ、長男を車で送っていきました。駐車場は子どもを送ってきた親たちの車でいっぱいで、脇の道に車を停めました。

門の前には親に付き添われた子ども達がフランス語でカルタブルと呼ばれるランドセルを背負って集まっていました。門の横には名簿が張り出されていました。フランスの小学校では朝の登校時、昼休みの送迎時、夕方の下校時の一定の時間帯にしか、校門が開かないようになっています。まったく言葉のわからないフランスの小学校にいよいよ入ることになった長男の不安は極限状態でした。

校門が開きました。男性の校長先生が、親と子を迎えています。私たちもしばらくして、校長先生のところに歩み寄ると、こう言われました。「残念ながら、CPの人数が多くて、外国の子どもを受け入れる余地が本校にはありません。マルセル・パニョル小学校なら受け入れてくれるそうですので、そちらの方に書類を持って今すぐ行って下さい。校長には既に電話しておきました。あなた方を待っておられます」。そして昨日提出した書類を手渡されました。

急遽、一度問い合わせに行ったことのあるマルセル・パニョル小学校の方に向かいました。校庭の

新学期の朝。校門前に集まった親たち。まったく異文化の国での小学校生活が始まろうとする瞬間でしたが…　1997年9月4日

エクス・アン・プロヴァンス市　マルセル・パニョル小学校　1997年

フェンスに名簿が張り出されており、その前に子ども達が並ばされていました。親たちも付き添っていました。ホールには登録のコーナーが設けられていました。CPのクラスの子達は、既に教室に入ってしまったようでした。
うろうろしていると、中国系の女性の先生が声をかけて下さりました。「私は、普通は補充教員をしますが、欠勤教員がいない日には、あなたのお子さんと韓国から来た子の2人のフランス語の指導を担当させていただきます。本校は校長が新しくなりましたので、ちょっと今日は忙しくしておられます。しばらくお待ち下さい」。
新しい校長先生は、校庭で、親にぐるりと取り囲まれ、質問ぜめにあっていました。新しい校長を迎え、親たちも教育方針や運営がどうなるのかと疑心暗鬼のようで、緊張の面持ちでした。どうしようもないので、「これでおしまいにします」と宣言されて、ようやく親達の輪から抜け出てこられ、私たちの方に来て下さりました。
校長室での簡単な手続きの後、CPの教室に案内してもらい、担任の先生に子どもを委ねました。あまり恐くなさそうな女性の方でしたのでほっとしました。最後に、校門の開く時間について説明していただきました。

その後は、11時半に迎えに行って、昼食・休憩後、1時半に送って行って、午後の授業後、夕方4時半に迎えに行きました。

11時半と4時半の開門時になると、CPの子ども達から、校舎の横に一列に並ばされ、開門と同時に並んで出てきて、親たちが迎えます。長い1日でした。苦労して登録した小学校に新学期の始まる日に、緊張して登校したらその場で校長先生から「別の小学校に行ってください」と言われて、別の小学校に通うことになったわけです。

マルセル・パニョル小学校　午前の授業が終わって、家で昼食を食べる子どもを迎えに来た親たち

言葉のまったくわからない国の小学校に入れられて

親の勝手な都合で、言葉のまったくわからない国の小学校に放り込まれた長男。「ジャポンとジャポネって何？　トレビアンって何？　マダムって先生という意味？　休み時間に校庭で、大きい女の子たちが寄ってきて何か言ってくるけれど、わけがわからないから逃げ回ってる。最後にみんなでかけっこしたら途中から一番だった。明日もドラゴンボールのカード（1枚10フラン）買ってくれるのなら、学校に行く」というようなことを話してくれました。

フランスの小学校に子どもを通わせて感じたことを列挙してみましょう。

- 新学期とは言え、始業式的なものは一切なし。
- 校長が校門に立つなど、とにかく前面に出て、親に接している。
- 校門の開く時刻が決まっており、子どもの登下校時刻・親の送迎時刻が開門時刻に対応することになる。それ以外の時間帯には出入りできない。
- 下校時、教室の外に整列して、校門のところまで出て来る。
- 給食と自宅での昼食のどちらかを選択できる。2時間昼食休憩がある。
- 始業式の日から、いきなり4時半まで。
- 1年生（CP）も上級生と変わりなく、毎日4時半まで。
- 提出物を忘れた場合、その子の手の甲に赤ペンでマルの印をつけたりする。
- 親が送り迎えをする。こちらでは当然のことながら、日本的感覚では、やはり登下校時に校門前に親が集結する光景は新鮮。
- 学級委員（délégué）選挙では、立候補者が作成したポスターが廊下に貼られ、選挙の様相を呈す。

フランスでの学校生活

最初はまったくフランス語がわからなかった長男も、1年後には普通にクラスメートと話ができるようになりました。その後、通算5年以上、私の子どもたちは南フランスの学校に通いました。フランスの小学校には、日本の小学校なら当たり前の土の運動場やプールなどの設備はありません。いろいろ苦労もありましたが、子どもたちはかけがえのない時間を過ごすことができました。

フランスでは9月が新学期。8月のバカンスが終わる頃になると、スーパーの文房具売り場で学校から渡されたプリント片手に、ひとつひとつ学用品を買いそろえる親子の姿が目につきます。私もカルフールなどの大型スーパーで、プリントに書かれたものに一つ一つしるしをつけて、子どもと新学期の学用品を買ったことがなつかしく思い出されます。

廊下に貼られた学級委員選挙のポスター　公約も書かれる
モンペリエ　サント・オディル小学校　2000年

32 学校の休みとバカンス
―ガソリンに注意：初めてのバカンスの苦い体験―

小学校の休み　―一月半行くと休み　フランスの学校―

東日本大震災でいったん落ち込んだ海外から日本への旅行者ですが、２０１４年は過去最大になりました。これも日本の文化と日本人の親切な心遣いが海外の人たちに高く評価されているからだと思います。時間通りに運行する列車、バラエティーに富む料理、安いランチ、歴史とハイテクが共存する社会、伝統文化とポップカルチャーなど、日本の魅力が海外の人たちによって語られています。

一方、日本人の「働きすぎ」「過労死」「短いバカンス」という面については、昔も今も、海外から不思議な目で見られています。日本には日本の事情がありますので、短絡的な比較は禁物ですが、５週間の休暇が保証されているバカンス大国フランスにおける休み（バカンス）の状況について、とりあげてみましょう。

南フランスに滞在し、子どもたち３人を現地の小学校に通わせた経験から、フランスでは、一月半通うと２週間の休みがあるという状況でした。７月と８月の二月間ある夏休みと合わせて、これらのバカンス期間中、子どもたちをどうするかという問題に頭を抱えることになります。

どれくらいバカンスがあるのか

ではフランスの学校でどれくらい休みがあるのか、２０１４年９月から２０１５年６月までの学校カレンダーから拾ってみました。

新学期開始日：9月1日（教師の勤務再開日は8月29日と明記）

万聖節の休み（2週間）：10月18日（土）～11月3日（月）早朝（このように記すところが、1分でも多く休みをという感じで、フランスらしい。以下同じです。）

クリスマスの休み（2週間）：12月20日（土）～1月5日（月）早朝

冬の休み（2週間）：Aゾーン（モンペリエ、リヨンなど）2月7日（土）～2月23日（月）早朝。Bゾーン（エクス・アン・プロヴァンス、マルセイユ、ストラスブールなど）2月21日（土）～3月9日（月）早朝。Cゾーン（パリ、ボルドーなど）2月14日（土）～3月2日（月）早朝。

春の休み（2週間）：Aゾーン4月11日（土）～4月27日（月）早朝。Bゾーン4月25日（土）～5月11日（月）早朝。Cゾーン4月18日～5月4日（月）早朝。

夏の休暇（8週間）：7月4日（土）～8月31日（月）早朝。（教師の勤務再開日は8月28日（金）と明記）

冬の休みと春の休みでは、観光地の混雑緩和や市民経済の効率化などを考慮して、フランス全土を3つのゾーンに分けて、休み期間がずらされていることがわかります。このようにバカンスが多くある分、日常的な授業時間は、フランスでは日本よりも長く、小学校低学年も含めて夕方の4時半まであります。

土曜日から土曜日という1週間単位での滞在

こうした長期バカンスの存在を背景に、フランスでは家族で旅行をする場合、土曜日から土曜日までの1週間あるいは2週間単位で滞在することが基本となっています。富裕層は別荘、高級ホテル、クラブ・メッドのような高級バカンス施設に滞在します。一般的には、民宿（シャンブル・ドット）、貸し別荘（ジット）、貸しアパート、キャンプ場などが利用されます。私の場合、フランスは安く外食できるところが日本ほどないので、子連れですから、キッチンがついていることを宿泊先の条件としていました。

南仏滞在初めてのバカンス

1997年9月から一家で南仏エクス・アン・プロヴァンスでの滞在を始めて、最初のバカンスが11月の万聖節のバカンスでした。このときの苦い思い出です。

子どもたちの学校も親が通う大学も秋の休み。リュベロン地方へドライブ。おりしも長距離トラック運転手のストライキの影響でガソリンスタンドが軒並み閉店。そんなニュースを知らずに呑気にドライブをしていた私たちは… 万聖節の週末に、リュベロンをドライブしていた呑気な一家の話。

日本ですと、「10月25日から11月3日まで休み」と表現しますが、フランスでは、「10月24日の学校の後の夕方から、11月4日の朝まで休み」と表現されています。

金土日と、本書でとりあげたビュウックス村の民宿に泊まりました。11月3日月曜日、昼前に、宿を発ち、『南仏プロヴァンスの12か月』の作者であるピーター・メイルがかつて住んでいたメネルブ村に立ち寄りました。駐車場のすぐ横にテラスのある手頃なレストランがあったので、そこで昼食を食べることにしました。時間は、12時過ぎ。店の中に客は誰もいません。月曜日だから、空いているんだろうなどと話しながら、美味しい定食を、落ち着きのない子ども達と分かち合いました。頑張ってお母さんの手伝いをしようと、前菜のスープを運ぼうとして途中でこぼして台無しにしてしまった10歳くらいの少女のすすり泣きが調理場の方から聞こえてきたり、店の飼い犬がテーブルの下を駆け回ったりで退屈しませんでした。結局、最後まで私たちのほかは誰も客は来ませんでした。

ガソリンに注意

さて、途中で、元気が良くて格好いいマダムが私たちにおもむろに声をかけてきました。

「車大丈夫かい？　トラック運転手のストで道が封鎖されているんだよ」。

「はあ…？」

「ガソリンがなくなってしまうんだよ。ガソリンは大丈夫かい？」

「ええ、土曜日に入れました」（そう言えば、民宿の主人が土曜日の晩にわざわざガソリンを入れに出かけてたな。アプトのガソリンスタンドでは、やたらと「故障中」の張り紙が目立ったけどあれも関係あったのかな。）

「うちの店は月曜日の昼はお客でごったがえすんだけれど、今日は、みんなガソリンを節約して来ないのね」。

　お勘定をして店を出るときにマダムが一言。

「ガソリンに注意しなよ」。

　さて、店を出て、ふと、店を入る前に覗き込んだメニューの掲示板を見ると、さっきは確かになかった「レストランは、3日月曜日から7日金曜日まで休業します」の張り紙がしてありました。ストの影響で商売にならないと判断したら、臨時休業を即断されたというわけです。

　そして、私たちが店を出て15分もしないうちに、マダムとシェフと少女が店を閉めて出てきて、「今日から臨時バカンスよ」と、颯爽とワゴン車で坂道を下っていきました。

　かくして私たちは、この日このレストランの唯一の客となってしまいました。

高速道路は、長距離トラックの超低速運転による抗議行動の影響が恐いので避けました。地道でエクス・アン・プロヴァンスに戻りました。

金曜日になって家の近くのガソリンスタンドがどれも一斉に営業を再開して、ついにガソリンを補給できました。実は、ガソリンが残り少ないことを示す赤ランプが点灯していて、もう次の月曜日の車での通学はあきらめかけていたところだったのです。

メネルブ村のレストラン　2018年

子どもの学校の送迎と私自身の通学に車が必要不可欠なだけに、冷や汗をかきました。フランスのストのニュースには日本にいるときから慣れていますが、自分の生活にこういう形で影響を及ぼすとは呑気な私は思っていなかったのです。

教訓：海外滞在中は、現地のニュースを自分に関わることとして、もっとしっかり見聞すること。

33 南仏からのメッセージ

東日本大震災が発生して

２０１１年3月11日に東日本大震災が発生しました。本書31「南仏の新学期」に登場する長男は、仙台で学生生活を送っており、被災しました。初日の夜は、真っ暗な部屋で部活動の仲間と励まし合って過ごしたようです。大学からの退避勧告に従い、被災5日目に、山形から新潟経由で何とか大阪に戻って来ました。

南仏からのメッセージ

災害発生以来、海外から、日本に向けてさまざまな支援やメッセージが寄せられました。海外メディアは、悲惨な状況の中で日本人が見せる「冷静・忍耐・礼儀正しさ」を賞讃しています。

南仏留学・滞在時の知人や友人から多くのメッセージが寄せられました。こういう場合に、penser à（パンセ・ア＝～のことを思う）というフランス語表現が使われます。**Je pense à vous.（ジュ・パンス・ア・ヴー）**で「みなさんのことを想っています」になります。では、南仏の太陽のように温かい言葉を紹介しましょう。

発生1時間後に、マルセル・パニョル小学校での長男の同級生コンタンのお母さんで、エクス・アン・プロヴァンスの精神科医ミッシェルから「日本で巨大地震が発生したと今ニュースで聞きました。とても心配です。みなさん大丈夫ですか?ジュ・パンス・ア・ヴー。連絡下さい」。マルセイユ在住で、モンペリエでの次男の親友ティボーの両親から「ラジオでニュースを聞きました。心配です。仙台のジュンは大丈夫なの?」エクス時代の長男の親友ミシェルの両親から「日本、特にジュンが住んでいる地方を襲った地震と津波のニュースを見ました。とても心配です。連絡待っています」。モンペリエで三男のベビーシッターをしてくれたジュヌビエーブから「ニュースで日本で大災害が発生したことを知りました。確かジュンは東北地方にいるんじゃないの?大丈夫なの?ジュ・パンス・ア・ヴー」。マルセイユ・ビジネススクールで教鞭をとるカティアから「日本を襲った災害の映像を見て衝撃を受けています。ジュ・パンス・ア・ヴー」。

モンペリエ大学のトレス教授から「仙台の息子さんが無事でよかった。フランス中が日本の状況を見守っています。私たちフランス人はみなさん日本人と共にあります」。同ロワ准教授から「このような状況下での日本人の模範的な振る舞いにフランス中が賞讃しています」。

息子さんが日本人と結婚して日本にいるモンペリエ在住のスリエさんから「みなさん無事でよかった。千葉の息子たち家族も無事です。日本人の冷静な態度に敬意を表します」。モンペリエ在住で、息子さんが上智大学で教鞭をとっているロブアムさんは「ジュンが無事でよかった。東京の息子も大丈夫です。私たちはみんな日本人のために祈っています」。同市在住で長男の親友ユーゴの両親は「ユーゴがFacebookでジュンの無事を確認してくれ安心しました。日本のために私たちにできることがあれば遠慮なく言って下さい」。

南仏リュベロン地方ビュウックス村で民宿を営むヴェロニクは「ジュンが無事戻れてよかった。私の民宿にいつでも日本人を受け入れる気持ちでいます」。エクス・アン・プロヴァンス留学時の私の同級生ユイエムはチュニジアから電話をかけてきてくれました。「私の国チュニジアにできることがあれば何でも言って下さい」。

以上、東日本大震災発生当時の、温かい南仏の人たちの人情を示すエピソードで本書を締めくくります。

成にあてる時間が減ったり、妻や子供の事情のために講義を欠席したことなどもありましたが、私の留学のみを常に最優先するわけではなく、家族ひとりひとりの生活を大事にした結果として、家族４人全体としての満足感は大きくなったと思います。

　失敗も非常に数多くありました。例えば、要領が悪くて、結局、家具付きの住居を見つけることができず、生活するために家具をある程度買うはめになってしまうなど、いろいろな部分で無駄な出費をしてしまいました。人に頼らず自分達で何でも解決していったので、失敗も多かった反面、さまざまな場面でさまざまな現地の人と接することができ、大いに社会勉強になりました。１年間使っただけで家具を人に売り払うことになったのですが、それぞれいろいろな人に引き取ってもらうことになったので、アパルトマンを引き払う直前は、人の出入りが絶えませんでした。

エクサン＝プロヴァンスという街

　エクサン＝プロヴァンスの町自体は、ミラボー通りを中心とした小ぢんまりとした街ですが、市の外周を各高速道路が重なり合って、プロヴァンス地方の散策の拠点にするには絶好の場所でした。私たちのアパルトマンは市内南部の高速道路の入り口のすぐ近くにあったので、このことを実感できました。北へ伸びる高速道路A51を走ればピーター・メイルの『南仏プロバンスの12ヶ月』の舞台リュベロン地方へ、南へのA51を走れば港町マルセイユへ、A52で南下すれば地中海カシやラ・シオタの浜辺へ、A８を西に走ればアルルやアヴィニョンへ、東に走ればコート・ダジュールのニースへと、陽光溢れるプロヴァンス地方の各地へ週末に散策することができました。そして、エクサン＝プロヴァンスと言えば、セザンヌがこよなく愛した郊外のサント・ヴィクトワール山がそのシンボルです。この魅力的な街エクサン＝プロヴァンス滞在中は、いつも、サント・ヴィクトワール山を見る度に何か落ち着いた気持ちになれました。(亀井克之)

(出典)『成功する留学2000-2001　フランス留学』「フランス留学体験記」ダイヤモンド・ビッグ社、1999年、172-173頁

エクス・マルセイユ第三大学　経営学研究院
IAE d'Aix-en-Provence, DEA 97-98の同級生と　1998年６月

一家四人四様の留学で南仏プロヴァンスの生活を満喫

亀井克之
（かめいかつゆき）
大学教員。1997/1998年度フランス政府給費留学生としてエクス＝マルセイユ第３大学経営学研究所（IAE）に留学。

10歳以上年下の学生に混じってDEA課程で勉強

留学地にエクサン＝プロヴァンスを選択したのは、エクス＝マルセイユ第３大学のIAE（経営学研究所）が、フランスの大学における経営学教育・研究の名門であったこともありますが、何よりも小さな子供達といっしょなので、「温暖」な土地で生活したかったということが大きな理由です。ピーター・メイルの本を読んで以来、南仏プロヴァンス地方の自然と文化に密かな憧れを感じていたことも単純ではありますが理由の１つです。

こうして留学地を決めたとは言え、知り合いが１人もいないまったく未知の土地で、一から４人家族の生活をスタートさせることになりました。当初はレジデンス式のホテルに滞在し、その間に、家探し、子供の学校探し、車入手、銀行口座開設、滞在許可証申請など、家族と自分のためにありとあらゆる手続きに奔走しました。

これらが一段落した９月末、IAE d'Aix-en-Provenceでの留学生活が始まりました。IAEは、エクサン＝プロヴァンスの中心街から北へ、画家セザンヌのかつてのアトリエの前を通って約８キロのピュイリカール村の田園風景の中にあります。日本では既に大学教員だったので、客員研究員としての留学も可能だったのかもしれませんが、DEA課程への正規の入学手続きをして、あえて一学生として、10歳以上若い学生さん達と机を並べて勉強するという道を選びました。DEA課程というのは、フランスの大学制度における第３課程・博士課程の１年目に相当し、博士論文執筆を目指す学生の登竜門的なコースとなっています。フランスでは原則として博士論文を執筆する場合、DEAの取得が前提となります。フランスの大学で最初にできた経営学の博士課程という伝統もあり、IAE d'Aix-en-ProvenceのDEA課程は非常に厳しい内容でした。四苦八苦しながらも、若い学生さん達に助けられながら、講義やゼミに参加し、下手なフランス語を駆使してクラスメイトと共にゼミの発表や宿題のレポートをこなし、試験を受けたのは本当に貴重な体験となりました。DEA課程は小人数であったため、講義やゼミを通じて教授の方々とも密に接することができました。先生方は、非常に珍しい（エクスのIAEのDEA課程で初めての）日本人留学生である私に、時にフランス人学生に対するのと同様に厳しく、時に優しく温かく指導して下さいました。

家族ひとりひとりの生活を第一に考えた

私の留学がきっかけとなって家族４人で渡仏したわけですが、妻の語学学校通学、息子２人の通学などの手助けをしたりして、家庭への協力に時間を割くことを私は惜しみませんでした。もちろん、その分、宿題のレポート作

南フランスを舞台にした映画　7選

クロード・シャブロル監督『二重の鍵』（La Double Tour）１９５９年。エクス・アン・プロヴァンス郊外に暮らすある一族の愛憎劇。開始6分で、ジャン・ポール・ベルモンドが、オープンカーでエクス・アン・プロヴァンス中心部ラ・ロトンドの噴水からミラボー大通りに入り、颯爽と走る場面。当時のマルシェの様子。ミラボー大通りが両側のプラタナスの木で、かつては緑のトンネルのようになっていたことがわかる。

クロード・ベリ監督『愛と宿命の泉』第一部『フロレット家のジャン』（Jean de Florette）、第二部『泉のマノン』（Manon des sources）１９８６年。マルセイユ郊外の街オーバーニュに生まれた南仏を代表する作家マルセル・パニョルの原作の映画化。南仏の大自然を背景に繰り広げられる大河作品。イヴ・モンタン主演、ダニエル・オートゥイユ助演。第一部、照り付ける南仏の太陽の下、水を探し求めたジェラール・ドパルデュー演じるジャンの悲劇。第二部、エマニュエル・べアール演じるマノンによる復讐劇。

イヴ・ロベール監督『プロヴァンス物語　マルセルの夏』(La Gloire de mon père) 1990年。マルセル・パニョル原作。オーバーニュでのパニョルの少年時代の思い出が描かれる。

ロベール・ゲディギャン監督『マルセイユの恋』(「マリウスとジャネット」Marius et Jeanette)、1996年。マルセイユの対岸エスタックの下町を舞台に人情劇。フランスで大ヒット。アリアンヌ・スカリッドがセザール賞主演女優賞。ゲディギャン監督とスカリッド主演で一連のマルセイユ映画がある。

リュック・ベッソン監督『TAXI』 1998年。マルセイユの街をプジョー406のタクシーが爆走。シリーズ化された大ヒット作。マリオン・コティアールが注目されるきっかけとなった作品。

ジャン・ポール・ラプノー監督『プロヴァンスの恋』(Le Hussard sur le toit) 1995年。マノスクで生まれた南仏の文豪ジャン・ジオノの原作『屋根の上の軽騎兵』の映画化。ジオノはアニメ映画『木を植える男』の原作者として知られる。ジオノが生涯愛したマノスクの街が登場する。1830年代、コレラ禍に襲われた南仏プロヴァンス。純愛を軸に、南仏の美しい自然とコレラ禍の混迷が対比される。ジュリエット・ビノシュ主演。

リドリー・スコット監督『プロヴァンスの贈りもの』(A Good Year) 2006年。ピーター・メイル原作の映画化。ロンドンの敏腕トレーダーのマックスに南仏のおじさんが亡くなったという知らせが届く。遺産相続の手続きにプロヴァンスを訪れ、クリスティに出会い、幼少期におじさんのシャトーでブドウ畑に囲まれて過ごした日々の記憶が次々と蘇る。マックスはシャトーを継承し再興することを決意する。主演ラッセル・クロウと共演マリオン・コティアール。シャトーの撮影には、リュベロン地方のボニュー村のはずれにあるシャトー・カノルグ（Château La Canorgue）が使われた。監督はじめスタッフは、撮影期間中、本書で取り上げたビュウックス村の民宿ラ・グランド・バスティードに滞在した。

参考文献

ピーター・メイル、池央耿訳『南仏プロヴァンスの12か月』河出書房新社、１９９３年。

小林清之介『新訂版オールカラー世界の伝記　ファーブル』小学館、１９９３年。

佐藤篁之、写真・ファビアン・サラザン『南仏プロヴァンスへの旅』講談社、１９９４年。

牟田口義郎、佐々木三雄・綾子『プロヴァンス　歴史と印象派の旅』新潮社、１９９５年。

フレデリック・エブラール、浜名優美訳『プロヴァンスの秘密　愛と復讐のシャトー・デ・ゾリヴィエ事件』集英社、１９９５年。

佐々木晃彦『南仏プロヴァンス物語　街角に笑い声が聞こえて』丸善ブックス、１９９５年
電通映像事業局編『もっと知りたい　南仏プロヴァンス　Q&A』亜紀書房、１９９５年
新井満・新井紀子『木を植えた男を訪ねて　ふたりで行く南仏プロヴァンスの旅』白泉社、１９９６年。

草場安子『プロヴァンス、風のある暮らし』小沢書店、１９９８年。

リドリー・スコット監督　映画『プロヴァンスの贈りもの』(A Good Year) パンフレット、角川映画株式会社、２００７年。

オリビエ・トレス、亀井克之訳『ワイン・ウォーズ：モンダヴィ事件　グローバリゼーションとテロワール』関西大学出版部、２００９年（東洋出版、２０２５年）＊電子出版。

菅野麻美『フランスを爆走する！　三ツ星マラソン２１０６km完走記』マガジンハウス、２０１１年。

須藤海芳子『フランスワイン33のエピソード』白水社、２０１１年。

ピーター・メイル、池央耿訳『南仏プロヴァンスの25年　あのころと今』河出書房新社、２０１９年。

町田陽子『南フランスの休日　プロヴァンスへ　最新版』イカロス出版、２０２２年。

町田陽子『季節で綴る南フランス２１３』イカロス出版、２０２４年。

『地球の歩き方　フランス２０２４～２５』Gakken、２０２３年。

『地球の歩き方　南仏　プロヴァンス　コート・ダジュール&モナコ　２０２５～２６』Gakken、２０２４年。

Le Guide Vert, *Provence*, Michelin, 2022.

Le Guide Vert, *Côte d'Azur*, Michelin, 2022.

Raphaël de Casabianca et Antoine Delaplace, Guide Petaouchnok, *Provence Chants de cigales incls*, Hachette, 2024.

出典一覧

①株式会社扶洋、NEXT 編集委員会発行『NEXT』

（No.54/2011年新年号～No.87/2019年春号）

連載特別寄稿シリーズ　太陽と健康の文化　［南仏閑話］

全34話　総覧

＊第１回～第34回のタイトル　（取り上げた街、内容）（『NEXT』号数・発行年）
→本書のどの章に採録したか

第１回　「ミシュランガイドの素顔」（『NEXT』No.54/2011新年号）→本書未採録

第２回　「南仏からのメッセージ」（東日本大震災直後に南仏から届いたメッセージ）（No.55/2011春号）→本書33

第３回　「小さな村から大きな環境保護」（ビュウックス村）（No.56/2011夏号）→本書５

第４回　「南仏で生まれたリーディング・カンパニー」（ソデクソ・アライアンス社）（No.57/2011秋号）→本書13

第５回　「中小企業の事業承継・日仏シンポジウム」（東京・大阪）（No.58/2012新年号）→本書未採録

第６回　「映画のゆりかご　―ペタンクの発祥の地―」（ラ・シオタ）（No.59/2012春号）→本書15

第７回　「中小企業経営者の健康についての講座が南仏に誕生」（モンペリエ）（No.60/2012夏号）→本書未採録

第８回　「山火事を危機一髪まぬかれた小さな村で」（ビュウックス村）（No.61/2012秋号）→本書６

第９回　「南仏プロバンス冬の風物詩」（サントン人形）（No.62/2013新年号）→本書９

第10回　「日本食は健康食　南仏アプトの自然食品店」（アプト）（No.63/2013夏号）→本書21

第11回　「ワイン・ウォーズ　南仏の小村を揺るがしたモンダビ事件の教訓」（アニアーヌ）（No.64/2013秋号）→本書28

第12回　「おそるべし、フランスの日本ブーム」（モンペリエ郊外）（No.65/2013秋号）→本書23

第13回　「イタリア国境の街　マントンのレモン祭り」（マントン）（No.66/2014新年号）→本書19

第14回　「南仏の港町　マルセイユが生んだ英雄」（マルセイユ出身ジダン選手）（No.67/2014春号）→本書17

第15回　「夏の風物詩　バカンス地の音楽祭」（ロック・ダンテロン国際ピアノ祭）（No.68/2014夏号）→本書14
第16回　「南仏が生んだ昆虫学者ファーブル　—日本ではこれほど有名なのに本国では無名な偉人—」（セリニャン）（No.69/2014秋号）→本書22
第17回　「中小企業経営者を応援するオリビエ・トレス教授との交流—フランス語圏国際中小企業学会（モロッコ）と経営者の健康シンポジウム（京都）—」（アガジール・京都）（No.70/2015新年号）→本書未採録
第18回　「オーベルニュ地方・ティエールのはさみ　—小学生を描いた映画『トリュフォーの思春期—』（1976年）の舞台となった刃物の街—」（ティエール）（No.71/2015春号）→本書未採録
第19回　「学校の休みとバカンス　—ガソリンに注意：初めてのバカンスの苦い体験—」（メネルブ村）（No.72/2015夏号）→本書32
第20回　「「フランスの最も美しい村」とは　—南仏が誇る美しい村々—」（ルールマラン村）（No.73/2015秋号）→本書４
第21回　「セザンヌの街とサント・ビクトワール山　—南仏の古都エクス・アン・プロバンス—」（エクス・アン・プロバンス）（No.74/2016新年号）→本書１
第22回　「南仏モンペリエの街を訪れて」（モンペリエ）（No.75/2016春号）→本書29
第23回　「南仏プロバンスのマルシェ　—新鮮な食品の流通で存在感を示すフランスの風物詩—」（リル・シュル・ラ・ソルグ）（No.76/2016夏号）→本書２
第24回　「紺碧海岸「コート・ダジュール」の華　ニースに想いを寄せて　—2016年７月14日・フランス革命記念日のテロ—」（ニース）（No.77/2016秋号）→本書20
第25回　「南仏モンペリエに中小企業経営者の健康を応援する研究者が世界中から集結　—「中小企業経営者・アントレプレナーの健康」第１回国際ワークショップ—」（モンペリエ）（No.78/2017新年号）→本書未採録
第26回　「ラベンダーの香りに癒されて　—エッセンシャルオイルができるまで—」（ビュウックス）（No.79/2017春号）→本書８
第27回　「プロヴァンス・プリントの老舗「ソレイアード」　—ローヌ川沿いにたたずむ怪物伝説の街タラスコン—」（タラスコン）（No.80/2017夏号）→本書12
第28回　「南仏の新学期　—まったく言葉のわからない国の小学校に通うことになった子どもは—」（エクス・アン・プロバンス）（No.81/2017秋号）→本書31
第29回　「南仏の黒いダイヤモンド　—1998年12月第１回メネルブ村のトリュフ市から—」（メネルブ）（No.82/2018新年号）→本書10

第30回　「ニーム・世界中の誰もが知っている製品の発祥地　—ローマ時代の水道橋ポン・デュ・ガールを通って水が運ばれた街—」（ニーム）（No.83/2018春号）→本書11

第31回　「事業承継・フランス語圏国際サミットに参加して—カナダ・ケベック州・モントリオールにて—」（モントリオール）（No.84/2018夏号）→本書未採録

第32回　「ワイン・建築・アートのマリアージュ　—シャトー・ラ・コスト—」（ピュイ・サント・レパラード）（No.85/2018秋号）→本書26

第33回　「南仏の彩り・香り・手触りに癒されて—ルールマラン村のマルシェから—」（ルールマラン）（No.86/2019新年号）→本書３

第34回　「南仏の海に散った「星の王子さま」「戦う操縦士」　—サン・テグジュペリの足跡を訪ねて—」（パリ、ツールーズ、マルセイユ～カシ）（No.87/2019春号）→本書24

②大阪能率協会発行『産業能率』2019年7-8夏季号～2020年9-10月号 連載［南仏閑話］全13話総覧

＊第１回～第13回のタイトル　（『産業能率』号数・発行年）　→本書のどの章に採録したか

第１回　「ビオディナミを実践するワイン醸造家—ロワール地方ソミュール—」（2019年7-8夏季号）→本書未採録

第２回　「南仏の海に散った「星の王子さま」の作者　サン・テグジュペリ」（2019年9-10月号）→本書24

第３回　「パリの下町ベルビルが生んだシャンソンの女王」（2019年11-12立冬号）→本書未採録

第４回　「「フランスの最も美しい村」とは何か　—南仏の美しい村々—」（2020年1-2新春号）→本書４

第５回　「「ワインとアートのマリアージュ」　—シャトー・ラコスト—」（2020年3-4陽春号）→本書26

第６回　「３月17日正午～外出禁止令が育んだ連帯感　—夢と散ったパリでの研究生活—」（2020年5-6月号）→本書未採録

第７回　「感染症との闘いの物語『ペスト』とアルベール・カミュ」　—南仏の美村ルールマランから旅立ったノーベル賞作家—」（2020年7-8夏季号）→本書25

第８回　「コロナ禍・外出制限令下の中小企業経営者の健康調査より　—南仏発・2020年４月フランス1925人の経営者へのアンケート結果—」『産業能率』（2020年9-10月号）→本書未採録

第９回　「ロックダウンの55日間（2020年３月17日～５月11日　—外出制限（コン

フィヌモン））はフランスの人たちに何をもらたしたか―」（2021年1-12新春号）→本書未採録

第10回　「映画のゆりかご　ラ・シオタ　―国民的競技ペタンクが生まれた南仏の街―」（2021年３－４新春号）→本書15

第11回　「ビュウックス村・郷土を愛したシェフの思い出　―『南仏プロヴァンスの12か月』とオードブル料理」（2021年5-6薫風号）→本書７

第12回　「フランス映画に学ぶリスクマネジメント　―人生の岐路（ターンニングポイント）でリスクをとる決断―」（2021年7-８薫風号）→本書未採録

第13回　「『天井桟敷の人々』に学ぶリスクマネジメント」（2021年9-10月号）→本書未採録

③その他の出典

本書16　「世界最古の映画館エデン・テアトル」←本書のための書き下ろし

本書18　「マルセイユーカシ」←本書のための書き下ろし

本書27　「南仏コート・ロティ　ギガル」←「コート・ロティ　ギガルのケース」『事業承継』Vol.11, 事業承継学会、2022年７月に加筆修整

本書30　「セート　―ラングドック地方のヴェニス」←「訳者による南仏紀行　ワイン・ウォーズ：モンダヴィ事件の舞台を訪ねて」『ワイン・ウォーズ　モンダヴィ事件　グローバリゼーションとテロワール』（オリビエ・トレス著・亀井克之訳、関西大学出版部、2009年）の一部に加筆修整

■扶洋『NEXT』（No.54/2011年新年号～No.87/2019年春号）　連載エッセー　太陽と健康の文化　［南仏閑話］　全34話　総覧
https://dojikame.cocolog-nifty.com/montpellier/2024/11/post-938bd3.html

■大阪能率協会　『産業能率』（2019年7-8夏季号～2020年9-10月号）　連載エッセー　［南仏閑話］　全13話総覧
https://dojikame.cocolog-nifty.com/montpellier/2024/11/post-ac8809.html

あとがき

美しい村々、黄土色と柿色の街並み、石灰岩の山肌、地中海の青い海と空、ラベンダーの紫色、照り付ける太陽、色とりどりのマルシェ、プロヴァンス風オードブル、村にただよう暖炉の薪のにおい、陽気な人たち… 今も南フランスの光景が脳裏に浮かびます。

南仏で暮らしたのはもう20年前のことになります。１９９７年8月から１９９８年にかけてのおよそ1年間、フランス政府給費留学生として、家族４人で、南仏プロヴァンス地方のエクス・アン・プロヴァンスで生活しました。幼い家族と過ごすには温暖な気候の街がいいのではないかと考え、南仏を選びました。この時の留学生活が南フランスに傾倒する原点となりました。

日本に帰国後、妻がフランス政府給費留学生試験に合格し、１９９９年8月から、生後４か月の三男を連れ、長男と次男と一緒に、南仏ラングドック地方のモンペリエに留学しました。２００３年までの4年間、妻と3人の男の子たちは、現地の生活に馴染み、モンペリエでかけがえのない日々を送りました。当時、私は長期休暇の度にモンペリエに行って、家族に合流しました。４年間に及ぶ単身３人子連れ留学を敢行し、現地で何事も自分で切り開いていった妻に今も敬意を表します。

２年後の２００５年から２００６年にかけての1年間、今度は私が関西大学の在外研究員として、家族全員を連れて、モンペリエで生活しました。

その後も、出張や旅行で南フランスを訪れ、南仏探訪は長短合わせて50回を超えました。強烈な個性を持つ南仏プロヴァンス地方と、ラングドック地方の文化・地域社会と産業について、これまで見聞したこと、体験したことを本書に綴りました。あれも書きたい、これも書きたいと思いつつ、載せることができなかったこともたくさんあります。浅学非才な筆者の拙い文章では表現しきれない南フランスの魅力については、『地球の歩き方』シリーズや、現地在住の町田陽子さんの『南フランスの休日　プロヴァンスへ　最新版』（イカロス出版、２０２２年）などの素晴らしい本をご参照下さい。

南フランスでは、多くの人たちのお世話になりました。書ききれないので以下に特記します。まず子どもたちの学校の仲のよい友達のご両親にはとても親切にしていただきました。特に次男の級友ティボーの両親、マルティーヌとエリック・ラヴェシエール夫妻には、現在に至るまでお世話になっています。リュベロン山脈地方ビュウックス村の民宿ラ・グランド・バスティードのヴェロニクとジャン・アラン・ケラご夫妻には家族ぐるみのお付き合いで大変お世話になりました。南フランスで暮らしていた頃、何度も子どもたちとビュウックス村の大自然の中で過ごしました。惜しくもジャン・アランは2023年に亡くなられました。モンペリエ大学のオリビエ・トレス教授をはじめとする研究者の方々。そして1997年9月に最初にリュベロン地方に連れて行って下さった芝田真さん。ビュウックス村の民宿ラ・グランド・バスティードを発見して、パソコン通信を通じて、日本人旅行者にご紹介くださった久保田修さんと美佐子さんご夫妻。この3人がおられなかったら、南仏プロヴァンスでの休日があれほど充実したものにはならなかったと思います。深く感謝いたします。

最後に、関西大学出版部の宮下澄人さんには、原稿の完成を辛抱強くお待ち下さり、原稿の整理から、校正のチェックに至るまで、本当にお世話になりました。付記して感謝申し上げます。

2025年2月　　亀井克之

■謝辞■

本書は以下の助成による研究成果の一部です。

関西大学経済・政治研究所　関西ファミリービジネスのBCMと東アジア戦略研究班

2020年度　関西大学　学術研究員制度

2024年度　堺市と関西大学の地域連携事業　ART WITH HOSPITAL IN SAKAI　堺市の医療機関とアート

科学研究費　基盤（B）23K20631　被災後の中小企業経営者の健康問題と事業継続に関する日仏比較研究

科学研究費　基盤（C）23K01599　中小企業における女性後継者の承継後企業パフォーマンスの決定要因に関する研究

わ　行

ま 行

や 行

ら 行

た 行

な 行

は 行

さ　行

索　引

あ　行

か　行

Katsuyuki KAMEI

Professeur à la Faculté des sciences de la sécurité sociétale de l'Université Kansaï

1998	DEA, Sciences de Gestion, IAE d'Aix-en-Provence
2002	Ph.D, École supérieure de commerce de l'Université de la ville d'Osaka
2005/2006	Chercheur invité, ERFI, Faculté des Sciences de Gestion, Université Montpellier 1.

Livres rédigés dans les langues occidentales（英語 フランス語による著書）

Les PME face aux nouveaux risques, Editions Université Kansaï, 2016.

Risk Management-Basic Theory and Case-, Kansai University Press, 2019.

Chapitres rédigés dans les langues occidentales （英語 フランス語による分担執筆）

"Risk Management" (with Y. Hayashi), Chapter 11, S. Abe, et al. (eds.), *Science of Societal Safety Living at Times of Risks and Disasters*, Springer, 2019, pp.121-128.

"Crisis Management" , Chapter 13, S. Abe, et al. (eds.), *Science of Societal Safety Living at Times of Risks and Disasters*, Springer, 2019, pp.141-150.

«Le Cas Oikawa Denim: une entreprise japonaise reprise par l'épouse du fondateur» (avec Bérangère Deschamps), A. Missoinier et C. Thévenard-Puthod (éd.), *Transmission-reprise d'entreprise 11 études de cas,* éditions ems, 2020, pp.184-195.

"The Friendship between Japan and France Salon, a unique Champagne with Didier Depond" in J.Gacon and A. Labruyère (ed.) *Aesthetics of wine Conversations for enthusiastes*, Glénat, 2023.

"The Succession of a Japanese Family Business: Father-Daughter-Granddaughter Relationships, Legacy, and Legitimacy" (with Audrey Missonier and Bérangère Deschamps), Sage Business Case, DOI: https://doi.org/10.4135/9781071981603, January 2025.

«Karoshi et la santé des dirigeants de PME : un enjeu de gestion des risques dans le contexte japonais» (avec Hiroki Ogyu), *La santé du dirigeant De la souffrance patronale à l'entrepreneuriat salutaire*, 4e edition, Olivier Torrès (sous la direction de) mars 2025, Deboeck, pp.85-93.

著者紹介

亀井　克之（かめい かつゆき）
関西大学　社会安全学部　教授　　博士（商学）

1990年	大阪外国語大学大学院　修士課程（フランス語学専攻）修了
1997/1998年	フランス政府給費留学生としてエクス・マルセイユ第３大学経営学研究院（IAE d'Aix-en-Provence）で DEA（経営学）取得。
2002年	『新版　フランス企業の経営戦略とリスクマネジメント』（法律文化社、2001年）により大阪市立大学大学院　博士（商学） 渋沢クローデル賞　ルイヴィトン・ジャパン特別賞 日本リスクマネジメント学会賞
2005/2006年	モンペリエ第一大学　経営学部　客員研究員
1994年	関西大学総合情報学部　専任講師
1997年	同　助教授
2003年	同　教授
2010年	関西大学社会安全学部　教授（現職）
2021年	パリ第１大学　客員研究員 日本リスクマネジメント学会理事長（2014-2016, 2023-）など歴任

近　著

『決断力にみるリスクマネジメント』（ミネルヴァ書房、2017年）
『フランス映画に学ぶリスクマネジメント ―人生の岐路と決断―』（同、2022年）
『第３版　生活リスクマネジメントのデザイン』（法律文化社、2024年）
『日英仏　日本拳法の基本習得教書 ―日本拳法に学ぶリスクマネジメント』（関西大学出版部、2021年）
『日仏対訳　フランス医療機関におけるアート　―アートとリスク感性―』（同、2023年）
『ファミリービジネスの事業承継と経営戦略』（同、2024年）
『日仏対訳　ファミリー企業・中小企業の事業承継　日仏シンポジウムの記録』「調査と資料」第123号（関西大学経済・政治研究所、2023年）
『ワイン・ウォーズ：モンダヴィ事件』（東洋出版、2025年）＊電子出版

南フランスの文化・地域社会と産業
太陽と健康のテロワール

2025年３月31日　発行

著　　者　亀井克之

発 行 所　関西大学出版部
〒564-8680　大阪府吹田市山手町3-3-35
TEL 06-6368-1121(代)／FAX 06-6389-5162

印 刷 所　株式会社 遊文舎
〒532-0012　大阪府大阪市淀川区木川東4-17-31

ISBN978-4-87354-799-2 C3034　落丁・乱丁はお取替えいたします